Matthias Kneip

Grundsteine im Gepäck.
Begegnungen mit Polen

Hanau, 15.7.2005

... natürlich ein Buch.

Im besten Sinn:
auf Wiedersehen
Familie Tessmann

Bis dahin, alles Gut

Marion + Tommy

House of Lyrics
Band 2

Matthias Kneip

Grundsteine im Gepäck.
Begegnungen mit Polen

House of the Poets

Paderborn Paris

Dieses Buch ist enstanden mit der freundlichen
Unterstützung durch
die Regensburger Kulturstiftung der REWAG
sowie
die Stiftung Kunst und Kultur des Landes NRW

Erste Auflage 2002

House of the Poets
Technologiepark 11
33100 Paderborn
Tel.: 05251-6811325
Fax: 05251-6811326
www.hotpoets.de
Druck: Bonifatius, Paderborn
Printed in Germany
Covermotiv: Barbara Fritsch
Coverdesign: Komma GmbH, Paderborn
ISBN 3-9806883-8-0

Wir danken dem Carl Hanser Verlag für die freundliche Genehmigung des Abdrucks des Gedichtes *Kleiner Zopf* von Tadeusz Różewicz sowie dem lichtung-verlag für die freundliche Genehmigung des Abdrucks der Gedichte *Männer*, *Frauen*, *Mahnmal im Warschauer Getto*, *Grenzfälle* und *Fremde Heimatstadt*.

Zweisprachenland, entfernt verwandt,
an verschiedene Ufer gespült,
zum gemeinsamen Gelingen verdammt,
Heimat ist kein Ort, Heimat ist ein Gefühl

Herbert Grönemeyer

Vielleicht sollte ich noch warten. Warten, bis das Land vom Verwandeln müde Platz nimmt im Lehnstuhl und für einen Moment innehält. Zu schnell wächst es aus den Buchstaben heraus, zu häufig wechselt es die Haut, als dass es sich in Worte fassen ließe. Manches, was ich eben noch als hässliche Raupe beschriebe, könnte sich später entpuppen als Schmetterling, der sich lustig macht über den Künstler, der die Natur unterschätzt hat.

Vielleicht hätte ich dieses Buch längst schreiben sollen. Um diejenigen Schmetterlinge einzufangen, die schon geschlüpft und längst wieder verschwunden sind. Um der Erinnerung eine Chance zu geben, bevor sie stirbt.

Vielleicht.

Grenzfall

*

Das Erste, was ich von Polen hörte, klang für mich chinesisch: *Sto lat, sto lat, niech żyje żyje nam...* Meine Eltern weckten mich jahrelang mit diesem polnischen Lied an meinem Geburtstag. *Happy Birthday* musste ich lernen, mit *Sto lat* bin ich aufgewachsen, infiziert worden, ohne zu wissen, wodurch und von wem. Obwohl ich den Text nicht verstand, nicht wusste, wo ein Wort anfängt oder aufhört, prägten sich mir die Laute ein, konnte ich sie bald selber nachahmen, mechanisch, einem Automaten gleich abspulen.

An Weihnachten stimmten meine Eltern nach dem obligatorischen *Stille Nacht* und *Ihr Kinderlein kommet* polnische Lieder an. *Wśród nocnej ciszy* oder *Bóg się rodzi*, danach liefen Weihnachtslieder von *Mazowsze* vom Band. Ich bewunderte den parallelen Zungenschlag meiner Eltern bei so vielen fremdartigen Zischlauten, konnte mir nicht vorstellen, dass sich dahinter ein Text, eine Bedeutung, verbergen sollte.

Schon einige Tage vor Heiligabend warteten wir Kinder gespannt auf einen fremdartigen Briefumschlag, der eine geheimnisvolle, vom Poststempel meist schon zerbrochene Oblate enthielt und mit vielen kleinen Briefmarken beklebt war. Der Umschlag kam für uns Kinder freilich nicht aus Polen, sondern vom Himmel, um nicht zu sagen, aus dem Weltall. Vor dem traditionellen Fischgericht am Abend reichten wir diese kunstvoll mit Bildern vom Jesuskind oder von Engeln mit Trompeten und Harfen verzierte Oblate im familiären Kreis herum. Wir brachen uns gegenseitig ein Stück ab, sahen uns dabei in die Augen und sprachen Wünsche aus. Die geheimnisvollen Inschriften auf der Oblate passten dabei irgendwie zu dem Auszug aus der Bibel, den mein Vater bei Kerzenlicht vorlas, wie überhaupt der Abend an Zauber für uns Kinder dadurch gewann, dass uns so vieles an ihm lange Zeit unerklärlich blieb.

Im Alltag wechselten meine Eltern nur selten Worte in der fremden Sprache. Anfangs war ich fest davon überzeugt, dass dieses Lautgemenge keineswegs in der Lage sein konnte, Inhalte zu übertragen. Später, als wir Kinder begriffen, dass diese fremde Sprache ein Mittel war, Gespräche, zum Beispiel über anstehende Geburtstagsgeschenke, vor unerwünschten Kinderohren geheim zu halten, wuchsen die Zweifel und wir protestierten gegen diese Form der Kommunikation.

Als ich in der Schule lesen lernte, begann ich im ersten Übereifer, alles laut zu buchstabieren, was mir an Schriftzeichen unter die Augen kam. Meine Verwunderung war groß, als sich die Inschriften der Buchrücken in unseren Regalen zu Hause als wahre Zungenbrecher erwiesen: *Andrzejewski, Iwaszkiewicz, Gałczyński, Mickiewicz...* Die gut buchstabierbaren, also deutsch klingenden Namen, befanden sich in unseren Regalen eindeutig in der Minderheit. Auch die Aufschriften auf Bildern und Holzfiguren in unserem Haus waren zu meinem Erstaunen nicht zu entziffern. Jahre später schenkte mir mein Vater ein Buch, das von zwei Kindern handelte, die von Beduinen in die Wüste entführt wurden und mit ihrem riesigen Hund Saba zahlreiche Abenteuer durchlebten. Ich schämte mich, Freunden von dem Buch zu erzählen, weil ich mich nicht traute, den Namen des Autors auszusprechen: Henryk Sienkiewicz.

*

Ich bin mit Polen aufgewachsen. Oder sollte ich sagen: neben Polen? Wie ein Phantom begleitete dieses Land meine Kindheit in den 70er- und 80er-Jahren, begegnete mir in Form von Namen und Orten, in Gestalt seiner Sprache und Sitten, seiner Literatur und Musik. Blieb dennoch unauffällig, zurückhaltend, drängte sich niemals auf, sondern trat nur beiläufig in Erscheinung, in Wortfetzen und Nebensätzen, Augenblicken und Hintergründen. Wenn uns Gäste besuchten, servierte meine Mutter *zakąski*, zum Mittagessen gab es zu Hause manchmal *krupnioki, zapiekanki, barszcz* oder *żurek*. Die Oblaten an Weihnachten nannten meine Eltern *opłatki*, die Lieder *kolędy*. Städtenamen wie Warszawa oder Kraków, Wrocław oder Łódź kannte ich von Postkarten her, die meine Eltern ab und zu aus Polen bekamen und mir wegen der Briefmarken schenkten. Anfang der 80er-Jahre riefen häufig Leute bei uns an, die Briefe aus Polen erhalten hatten und sie nicht lesen konnten, weil sie in polnischer Sprache geschrieben waren. Meine Eltern halfen dann beim Übersetzen, verfassten sogar Antwortbriefe an Menschen, die sie gar nicht kannten. Ich wunderte mich damals, warum Leute aus Polen Briefe schrieben in einer Sprache, die die Empfänger unmöglich verstehen konnten. Meine Mutter erklärte mir, dass sie sich bedanken wollten für Päckchen, die ihnen von deutschen Freunden zugesandt wurden. Auch wir schickten damals solche Päckchen nach Polen. Ich durfte beim Einkaufen helfen und verpackte Kaffee und Strumpfhosen, Schokoladen und Salamis, Kaugummis und Modekataloge in Kartons. Ich empfand Mitleid mit diesem Land, dessen Menschen sich über solche Pakete freuten.

Zwar hatte ich im Lauf der Jahre mitbekommen, dass meine Eltern aus Oberschlesien stammten, dass dieses Oberschlesien einmal deutsch war und heute in Polen liegt. Ich wusste, dass sie nach dem Krieg dort die polnische Sprache gelernt hatten, auf eine polnische Schule gegangen und schließlich in den 50er-Jahren mit meinen Großeltern nach Deutschland ausgereist waren. Aber diese Bruchstücke an Wissen dienten mir lediglich dazu, die Herkunft des polnischen Einflusses in unserer Familie zu rechtfertigen und zu legitimieren. Sie weckten keine Neugier in mir, provozierten keine Fragen, die ein Ganzes hätten entstehen lassen, denn die Rolle, die Polen in meinem Alltag spielte, entsprach einer Nebenrolle, der ich kein besonderes Interesse entgegenbrachte. Weder in der Schule noch auf dem Fußballplatz oder beim Spielen mit Freunden hätte ich mit Polen Eindruck schinden, geschweige denn Bewunderung hervorrufen können. Polen stand im Schatten der Sowjetunion, die wir Kinder als personifiziertes Böses von den James-Bond-Filmen her kannten, existierte im Abseits, von uns getrennt durch einen Vorhang, den beiseite zu schieben wir für unmöglich hielten. Mochten meine Eltern dieses Phantom auch mitgebracht und zu einem Teil der Familientradition gemacht haben, für mich gab es keinen Grund, mich ihm zu nähern oder mich mit ihm anzufreunden. Aber auch keinen, es nicht zu mögen.

*

Wenn meine Großmutter Gertrud, die in Wunstorf bei Hannover lebte, für ein paar Tage zu uns nach Regensburg zu Besuch kam, kroch ich als Kind morgens zu ihr ins Bett und lauschte den spannenden Geschichten aus ihrem Leben. Sie erzählte mir von Russen, die mit großen Gewehren in ihre Heimat Oberschlesien einmarschiert waren, von polnischen Soldaten, die sie aus ihrem Haus vertrieben hatten, und deutschen Panzern, deren Schüsse wie Donner grollten. Sie erzählte von der Flucht mit meiner Mutter, die noch ein Kind war, der Rückkehr der Familie nach Oppeln und von meiner Urgroßmutter, die 1958 kurz vor der Aussiedlung nach Deutschland in Oppeln gestorben war. Aus Protest, wie meine Großmutter sagte. Mein Alter schützte mich vor Betroffenheit, und so kuschelte ich mich eng an ihren Körper, wiegte mich in der dicken Daunendecke in Sicherheit vor den Soldaten, die in meinem Kopf die Gestalt von Zinnfiguren annahmen und in Formationen, wie ich sie aus Filmen kannte, gegeneinander kämpften. Ich hielt die Augen fest geschlossen, um meiner Fantasie freien Lauf lassen zu können für die Bilder, die sich in hellen Farben aneinander reihten, mich in Spannung versetzten und begeisterten. Oberschlesien bildete nur die Kulisse, den Hintergrund für ein Szenarium, das mir aufregende Unterhaltung bot, ähnlich wie eine Hörspielkassette oder Schallplatte. Es gab für mich keine Brücke aus diesen Abenteuern zur Geschichte meiner Eltern, aus der Vergangenheit in meine Gegenwart. Während meine Großmutter auf diese Weise ihre Erinnerungen noch einmal aufleben ließ, glaubte ich an Märchen und Fantasiegeschichten. Ich stellte keine Fragen, wollte nichts genauer wissen, hörte einfach nur zu und ließ mich fesseln von den Ereignissen, die sich mir so authentisch und wahrhaftig darboten, dass ich ab und zu Angst bekam und meinen Kopf unter der Decke versteckte.

Jahre später, als ich in der Lage war, einen Bezug herzustellen, und zu verstehen begann, wessen Geschichte ich damals gehört hatte, kamen mir plötzlich die Fragen, stellte sich Neugier ein nach Details, Namen, Jahreszahlen. Ich wollte wissen, wohin meine Großmutter während des Krieges geflohen war, wie sie meine Mutter über den Krieg gerettet und in welchen Häusern sie später in Oppeln gelebt hatte. Wollte wissen, wie es ihr möglich war, ohne Kenntnis der polnischen Sprache bis zu ihrer Aussiedlung 1958 in Polen zu leben, warum sie nicht schon früher mit meiner Mutter das Land verlassen hatte und woran meine Urgroßmutter gestorben war. Aber ich konnte meine Großmutter nicht mehr fragen, denn sie war längst tot. Und mit ihr ein Teil meiner Geschichte.

*

Vor unserer ersten Familienreise 1985 nach Polen hielten meine Eltern meinen zwei Brüdern und mir einen Vortrag, wie wir uns an der Grenze zur DDR zu verhalten hatten. Ausweise mit dem Bild aufgeschlagen gegen das Fenster halten, nicht lachen oder grinsen, nicht sprechen und keinen Unfug machen. Als der DDR-Grenzsoldat mit seiner tief ins Gesicht gezogenen Mütze und eisigem Blick unsere Pässe überprüfte, glaubte ich, die Temperatur im Auto sei gesunken.

Niemals habe ich diese erste Fahrt durch den Eisernen Vorhang vergessen. Das Gesicht des Grenzsoldaten, sein mechanisch hin und her wechselnder Blick zwischen den Fotos in den Pässen und unseren Köpfen, sein militärischer Gruß, die Erleichterung meiner Eltern, als die Grenze hinter uns lag. Zum ersten Mal verspürte ich Angst vor Polen, Angst vor der Begegnung mit dem Phantom, das bisher so unwesentlich durch meinen Alltag geschlichen war, gestaltlos und abstrakt, von den Geschichten meiner Großmutter abgefedert. Mochte die Reise in die Vergangenheit auch als Sommerurlaub getarnt gewesen sein, an dieser Grenze bekam Polen für mich eine neue, unheimliche Dimension.

Das Bild dieser Reise ist längst zerbrochen, nur Bruchstücke haben sich in meiner Erinnerung erhalten. Die Fahrt mit viel zu großen Schwimmwesten auf Flößen durch die Schluchten des Dunajec, die Wanderung zu einem Bergsee in der Hohen Tatra, der Besuch von Auschwitz. Vor allem aber blieb mir die erste bewusste Begegnung mit der Heimat meiner Eltern im Gedächtnis, denn auf dem Weg durch Oberschlesien besuchten wir viele ihrer Jugendfreunde und ich wunderte mich, dass alle diese Leute mit uns deutsch sprachen. Ein sonderbares Deutsch, irgendwie verbogen, verwaschen, aber doch verständlich. Schon an der Haustür wurden wir alle nacheinander herzlich umarmt und abgeküsst von wildfremden Menschen, die uns begrüßten, als wären wir in einem früheren Leben deren eigene Kinder gewesen. Bei dieser Gelegenheit lernte ich auch die ersten polnischen Wörter meines Lebens: *dziękuję, proszę – danke, bitte*, vor allem aber den Satz *dziękuję, nie jestem głodny – danke, ich bin nicht hungrig*, da sich bei jedem Gastgeber der Tisch bog unter Bergen von Kuchen und anderen Köstlichkeiten, sodass wir Kinder am Abend, nach drei oder vier Einladungen, unserer Kapitulation irgendwie Ausdruck verleihen wollten. Nach einem dieser Essen musste sich mein Bruder übergeben, als er erfuhr, dass die köstlich schmeckende Suppe aus typisch polnischen *flaczki*, also *Schweinepansen*, gekocht war. Außerdem trafen wir auf alte Bekannte: *żurek, barszcz, krupnioki.* Das Phantom war uns gefolgt...

Eine Familie in Leschnitz, der Heimatstadt meines Vaters, hatte eine Tochter in unserem Alter, die kein Wort deutsch sprach, nur etwas englisch, das sich aber bald erschöpfte. Also beschränkten wir uns auf das Hören von Schallplatten in ihrem Zimmer und übten zusammen einen französischen Tanz ein, um ihn anschließend im Wohnzimmer vor den Eltern aufzuführen. Ein erster Akt deutsch-polnischer Verständigung, der noch über die Brücke des Englischen seinen Weg nehmen musste.

Während der langen Autofahrten erzählten uns die Eltern von Erlebnissen aus ihrer Kindheit in Oberschlesien. Mit Staunen hörte ich von dem in Oberschlesien nach dem Krieg geltenden Verbot, die deutsche Sprache zu gebrauchen, weshalb meine Eltern nicht zuletzt für die Schule schnell die polnische Sprache erlernen mussten. Vater erzählte, dass er gegen Ende des Krieges beinahe von einem betrunkenen russischen Soldaten erschossen worden wäre, der ihn dabei erwischt hatte, wie er sich mit seiner Schwester auf der Straße auf Deutsch unterhielt. Seine Rettung verdankte er damals einem Offizier, der das Unglück im letzten Moment verhinderte. Bei dem Besuch des St. Annaberges erfuhren wir, dass mein Vater und seine Schwester hier, als das alte deutsche Kriegerdenkmal 1945 von den Polen in die Luft gesprengt wurde, herumliegende Mosaiksteinchen eingesammelt hatten, um sie gegen Essbares einzutauschen. Nach dem Krieg entstand dann jenes monumentale polnische Denkmal, das wir besichtigten und dessen eingemeißelte Familiennamen unsere Neugier weckten. Meine Mutter erzählte uns von ihrer Schwester Maria, die 1945 auf der Flucht vor den einmarschierenden Russen geboren wurde und wenige Tage nach der Rückkehr der Familie nach Oppeln noch im Säuglingsalter verhungerte. Jahre später fand ich in den schriftlichen Erinnerungen meiner Großmutter eine Stelle über die Beerdigung des Babys in der von Russen und Polen besetzten Stadt: „Es war ein heißer Mai. Ich hatte immer noch das tote Baby bei mir. Ich sollte es in der Nacht im Garten begraben, brachte es aber nicht übers Herz. Da kam mir das Schicksal zu Hilfe. Eine Frau wurde auf unserer Straße überfahren, man packte sie in einen Sack und nahm sie auf den Friedhof. So konnte ich das Baby, das wir in eine Weinkiste gelegt und oben drauf einen Strauß Jasmin genagelt hatten, mit der Frau in ein Grab legen."

Ich habe dieses Baby nie vergessen. Es wäre meine Tante gewesen.

Obwohl es schwer fiel mir vorzustellen, dass meine Eltern in diesem Land ihre Kindheit verbracht hatten, besaßen ihre Erinnerungen für mich nun nicht mehr den Charakter von Fantasieerzählungen und Abenteuermärchen. Im Gegenteil, sie faszinierten und bestürzten mich zugleich, weil sie auf Tatsachen beruhten, die mir zwar unglaublich erschienen, aber doch Teil meiner eigenen Geschichte waren. Natürlich hatte ich in der Schule gelernt, dass Oberschlesien einst ein Teil Deutschlands war und nach dem Krieg an Polen abgetreten werden musste. Jetzt aber, da ich wusste, dass meine

Eltern von hier stammten, regte sich etwas in der trockenen Materie, wurde der Stoff plötzlich lebendig, fassbar, er schlüpfte aus seiner Hülle von Zahlen und Daten und trat aus der Ferne auf mich zu, berührte mich, indem er mich betraf.

Als meine Mutter während der Reise vorschlug, auf dem alten Oppelner Friedhof das Grab unserer Urgroßmutter zu suchen, fielen mir die Geschichten meiner Großmutter wieder ein. Schon als Kind hatte das Wort *Urgroßmutter* für mich einen eigenartigen, märchenhaften Klang gehabt, und der Gedanke, von einer Urgroßmutter abzustammen, war für mich schwer nachzuvollziehen gewesen. Nun war das Wort wieder gefallen, Jahre später, in einem fremden Land mit einer fremden Sprache. Die Vorstellung, hier auf die Spuren meiner Urgroßmutter stoßen zu können, war befremdlich.

Das riesige Gelände des alten Oppelner Friedhofs erstreckte sich links und rechts einer breiten Allee von Lindenbäumen, deren Äste oben zusammenliefen und einen Schirm bildeten, als gelte es, die Toten vor Regen zu schützen. Meine Mutter erinnerte sich noch, dass die Beerdigung ihrer Großmutter im Jahr 1958 in der Nähe der Kapelle stattgefunden hatte, die nach einigen Metern vor uns auf der rechten Seite auftauchte. Also schwärmten wir aus, um nach einem Grab mit dem Namen Klara Picke zu suchen. Diesen Namen hörte ich hier zum ersten Mal und er machte die Situation für mich noch unwirklicher. Während Mutter langsam und systematisch die Reihen der Gräber um die Kapelle abschritt, wo sie das Grab vermutete, versuchten mein Bruder und ich, die alten, kaum noch lesbaren Grabinschriften zu entziffern, und amüsierten uns über so kompliziert klingende Namen wie Szczepanik, Miszczak, Szewczyk. Auch deutsche Namen fanden wir, die in polnischer Schreibweise auftauchten, weil sie nach dem Krieg, wie uns Vater erklärte, polonisiert werden mussten. Sznajder, Szmitt, Zajdel. Nach einer halben Stunde hatten wir das eigentliche Ziel unseres Friedhofbesuchs ebenso aus den Augen verloren wie unsere Mutter, die sich mittlerweile in eine andere Richtung von der Kapelle entfernt hatte. Irgendwann sah ich, wie mein Vater sie unter den Arm fasste und beide sich auf den Weg zurück zur Hauptallee begaben.

Der Augenblick, als meine Mutter plötzlich aufschrie, sich von meinem Vater losriss, wobei sie mit dem Finger wie wild auf einen alten Grabstein deutete und rief, dass sie das Grab gefunden habe, prägte sich mir ins Gedächtnis ein. Ich weiß nicht, ob der Schrei, den sie damals ausstieß, ein Schrei der Freude, des Schmerzes oder einfach der Überraschung war. Und so unbestimmt blieb er mir auch in Erinnerung. Im Wettlauf rannten wir Kinder auf die andere Seite der Kapelle zu unseren Eltern und zu jenem Grabstein, vor dem meine Mutter mit Tränen in den Augen stand und auf dem in nur noch schwer lesbaren Buchstaben zu lesen war: Klara Picke, geboren 1886, gestorben 1958. Eine kleine, gusseiserne Jesusfigur blickte vom Grabstein auf das völlig verwahrloste, nur noch von steinernen Randplatten zusammengehaltene Erdfeld hinunter, und ich wunderte mich, dass sie dem Grab so lange treu geblieben war. Die Minuten, die wir schweigend vor dem Grab verbrachten, schienen mir endlos. Mir gingen die Jahreszahlen auf dem Grabstein durch den Kopf, und ich überlegte, bei welchen historischen Ereignissen meine Urgroßmutter überall dabei gewesen sein musste. Kaiser Wilhelm II. oder Reichskanzler Friedrich Ebert waren ihr bestimmt so vertraut gewesen wie mir Franz Josef Strauß oder Helmut Kohl. Namen, mit denen ich nur trockenen Geschichts- und Literaturunterricht verband, hatten damals die Schlagzeilen ihrer Tagespresse beherrscht: Charles Lindbergh, Lenin, Thomas Mann. Der Geschichtsunterricht aus der Schule rückte mir plötzlich so nahe, bisher so abstrakte Namenhülsen füllten sich mit Leben, begannen sich zu bewegen, in meinem Kopf drehte sich alles. Schließlich bückte sich meine Mutter und füllte ein kleines Gläschen mit Erde vom Grab. Wir sprachen noch ein leises Gebet und gingen zurück zum Auto. Der Friedhof erschien mir auf einmal weniger fremd, die Inschriften auf den Gräbern wirkten auf einmal weniger exotisch. Ich verließ den Ort anders, als ich ihn betreten hatte, nachdenklich, mit einem Gefühl unbestimmter Trauer.

Die Begegnung mit dem Grab meiner Urgroßmutter in Oppeln stellte die erste wirklich begehbare Brücke dar aus meiner deutschen Welt hinüber in die polnische Fremde, ein erstes aufrichtiges Händeschütteln mit dem Phantom, das mir jetzt vertrauter wurde. Es war ein Teil meiner Existenz geworden, und ich begegnete ihm von nun an mit mehr Neugier und Aufmerksamkeit. Der Blick jener in meinem Kinderzimmer hängenden Gipsköpfe ging nicht mehr ins Leere, sondern führte mich zurück zu den originalen Köpfen aus Krakau, die ich während unserer Reise im Gesandtensaal des Wawel bewundert hatte. Die Holzfiguren und Holzkästchen, die überall in unserer Wohnung verstreut lagen, hatten mit dem Spaziergang durch die vielen kleinen Verkaufsstände der Krakauer Tuchhallen ebenso einen Herkunftsort bekommen wie die auch bei unseren polnischen Bekannten angetroffene Sitte, Gäste mit einem Wodka zu begrüßen. Polen und Oberschlesien waren mir durch diese Reise einen Schritt näher gerückt, das Unbekannte zu Hause hatte einen Namen und meine Geschichte einen Anfang bekommen.

Am Grabe der unbekannten Urgroßmutter

Du meine
so nah und fremd

ich stelle mir
die Geschichte vor
zwischen den Zahlen
auf dem Marmor

ich habe gelernt
was du erlebtest

ich denke an dich
verlaufe mich
es gibt keinen Weg
zwischen uns
und doch

bist du meine

Fremde Heimatstadt

die Farben der Ampel

nichts hat sich verändert
alles hat sich verändert

ich habe den Rhythmus vergessen
muss warten

sie kennt mich nicht mehr
gleicht allen anderen
meine Straße
mein Zaun, meine Bäume
grüßen mich nicht mehr

nichts hat sich verändert
alles hat sich verändert

meine Schule lehrt mich
Vergänglichkeit
das Wort verlässt seine Hülse
weißt du noch
denke ich ohne Fragezeichen

ein kalter Windstoß
mitten im Sommer
begleitet mich
durch meine Stadt
kühlt die Erinnerung

nichts hat sich verändert
alles hat sich verändert

Großeltern

Sie hören nicht mehr
das Pendel der Standuhr
den Schlag der Stunde
sie zählen nicht mehr
die Wochentage
das Datum ist ihnen fremd
nur die Fotos an der Wand
die Braut mit Bräutigam
und viele Kinder
lassen sie aufblicken
ab und zu
ihre Hände zärtlich aufeinander legen
die Falten glatt streicheln
für einen Moment
während sie dasitzen
am Tisch ihrer Wohnung
und Scherben kleben zur Erinnerung

Wir Kinder

Wir Kinder hören nicht zu
wenn die Alten uns Geschichten
aus ihrem Leben erzählen

ja, ihr Omas und Opas
damals war damals
heute ist heute
versteht uns doch

erst wenn sie nicht mehr erzählen
und wir keine Kinder mehr sind
kommen wir mit unseren Fragen
an ihre Gräber

*

Ein Lehrauftrag für deutsche Sprache und Literatur führt mich Mitte der 90er-Jahre, also fast zehn Jahre nach unserer ersten Familienreise, zurück nach Oppeln. Zufall, vielleicht. Oder ein Wink des Phantoms, dem ich in den vergangenen Jahren kaum Aufmerksamkeit schenkte. Nach dem Schulabschluss war meine Liebe für Russland und die Sprache Puschkins entflammt, Polen dagegen blieb in deren Schatten, interessierte mich nicht. Doch die Entfernung zu Russland war mit der Zeit zu groß, meine Reisen dorthin wurden immer seltener. Nach Polen dagegen kann ich jetzt mit dem Zug reisen, pendeln zwischen zwei Ländern, die meine Erziehung geprägt und mein Denken beeinflusst haben, ohne genau zu wissen, welche Kultur dabei welchen Beitrag geleistet hat. Abgesehen von den wenigen Stationen unserer Familienreise kenne ich von Polen nur den Luftraum, weil ich mehrmals nach Moskau und Petersburg geflogen bin. Polnisch spreche ich noch immer kein Wort, obwohl ich *Sto lat* mittlerweile verstehe und mich an *Guten Tag*, *Danke*, *Bitte* und *Ich bin nicht hungrig* noch erinnere. Bei Besuchen polnischer Gäste bei uns zu Hause kommt mir die russische Sprache zu Hilfe, da sie mir ihre slawische Verwandtschaft mit dem Polnischen in der Praxis schnell offenbart hat und so einzelne Bruchteile der Gespräche für mich einen Sinn bekommen. Dennoch bleibt mir vieles verborgen.

Jetzt also, knapp vierzig Jahre nach der Aussiedlung meiner Eltern, mache ich mich auf, das Land meines Familienphantoms zu erkunden, mich frei von den Geschichten meiner Eltern und Großeltern ihm anzunähern, seinen Alltag kennen zu lernen und dabei an jener Hochschule zu arbeiten, an der mein Vater in den 50er-Jahren Polonistik studiert hat. Auf diese Weise schließt sich für mich ein Kreis, der mir bis dahin in seiner Offenheit ein Rätsel geblieben war und dessen Inneres zu füllen ich mir für die nächsten Jahre vornehme.

Schon wenige Tage nach meiner Ankunft in Oppeln begebe ich mich zu dem alten Friedhof, um dort zu suchen, was mir seit dem Aufschrei meiner Mutter vor vielen Jahren keine Ruhe mehr gelassen hat: das Grab meiner Urgroßmutter Klara Picke. Obwohl ich es seitdem nicht mehr besucht habe und die oberschlesische Vergangenheit meiner Eltern auch kein Thema zu Hause war, habe ich es in meinem Gedächtnis gepflegt, es als den Ursprung meiner Identität zwischen den Kulturen betrachtet, mich ihm verbunden gefühlt ohne jede Bindung. Nach längerem Suchen finde ich es wieder, unverändert verwahrlost, unter dem traurigen Blick der Jesusfigur ruhend. Auf diesem Friedhof scheint die Uhr nicht zu ticken, der Stein, die Bäume und Sträucher scheinen dem Wandel der Zeit nicht zu unterliegen, und die Geschichte einen Bruchteil ihrer Daten zu archivieren, einen Bruchteil ihrer Gestalten zur Ruhe zu legen. Wie auf jedem Friedhof. Nur dass mich ein Bruchteil dieses Bruchteils etwas angeht. Deshalb bin ich hier. Von hier aus will ich losziehen, mir das Land ansehen, seine Leute, seine Städte. Und hierher werde ich die nächsten Jahre immer wieder zurückkehren, als Fixpunkt meiner Pendelbewegung, um Bericht zu erstatten einer fremden Urgroßmutter, die mir nahe steht.

Mosaiksteine

*

Unruhig begrüßt mich das Land am Ende des Jahrtausends, zappelig, von einem Bein auf das andere tretend, als sei es ihm unmöglich, auf einem oder beiden fest zu stehen. Es zieht mich in seinen Sog, einen Strudel, der Altes und Neues ineinander vermengt, immer schneller wird, in dem das Neue allmählich die Oberhand gewinnt, das Bild zu prägen beginnt, ohne sich des Alten restlos entledigen zu können. Der Umbruch im Land ist in vollem Gange. Offenbart sich mir in seinem ganzen Schwung, seiner Dynamik, ähnelt einem Blutaustausch, bemüht sich, altes, verbrauchtes und vergiftetes Blut zu entsorgen, um es durch neues, frisches, besser getestetes zu ersetzen. Dabei hat sich das Rot verändert, nicht aber die Körper auf den Straßen, durch die es strömt. Die Menschen erwecken in mir den Eindruck, als bewohnten sie eine riesige Rehabilitationsklinik, in der es nun gilt, Köpfe, Arme und Beine an das neue Blut zu gewöhnen, ruckartige Bewegungen in fließende übergehen zu lassen. Ich sehe Körper, die dem ungewohnten Gefühl der Freiheit und Eigenverantwortlichkeit Widerstand leisten, das Fehlen angeordneter Bahnen nicht oder nur schwer ertragen. Andere wiederum laufen mit grün gefärbten Haaren durch die Straßen, atmen die schmutzige Stadtluft ein, als wäre auch sie nun eine andere, saubere, eine, die Freiheit verspricht. Ich sehe Gehversuche und Stürze, bewegungslos liegen gebliebene, aber auch abhebende, hoch fliegende Körper, die gleichsam im eigenen Rausch den Boden unter den Füßen verloren haben, nicht in der Lage sind, die neuen Kräfte zu bändigen, sich nach den alten sehnen. Der Umbruch vollzieht sich in Form einer Vermengung, nicht durch ein Umkippen von a nach b. Ich treffe das Land auf dem Weg dazwischen, unsicher, ob die Richtung die richtige ist, der Zustand sich auf der direkten Linie zum erklärten Ziel befindet. Überall, auf den Straßen und in den Wohnungen, in den Geschäften,

Krankenhäusern und Bauernhöfen, werde ich Zeuge von Auseinandersetzungen und Widersprüchen, Zeuge des Duells zweier Systeme, bei dem es einen Sieger so schnell nicht geben wird. Ich erlebe das Land in einem Zweikampf, den jeder für sich auf seine Art bewältigt: ihn verliert, gewinnt, oder im Unentschieden verharrt. Die Auseinandersetzung geschieht privat wie öffentlich, im Großen wie im Kleinen, in jeder Ecke des Landes. Auf den Feldern mähen Bauern mit der Sense, wenige Kilometer weiter erntet ein hochmoderner Mähdrescher das Korn. Im Zug sitzen Laptops und Handys neben alten Schultaschen und zerschlissenen Schuhen, auf den Straßen fahren alte polnische Fiats neben fabrikneuen deutschen BMWs.

Ich erlebe, wie sich das Land verwandelt unter einem Kokon, in den es sich verkrochen hat, während draußen die Gemeinschaft gespannt darauf wartet, wie es sich entpuppt. Geschäfte schließen, um nach einiger Zeit in neuen Büroräumen mit neuem Logo wiederzueröffnen. Straßen werden wochenlang gesperrt, um sich in neuer Qualität unter Autos zu legen, die ebenfalls nach und nach in neuen und größeren Modellen durch das Land fahren. Der Aufriss und Umbruch begleitet mich auf Schritt und Tritt, sichtbar und unsichtbar, durch alle Generationen. Junge Menschen stürzen sich in Schulden, um im Anzug, mit Aktentasche und dunklen Sonnenbrillen der neuen Zeit entgegenzutreten. Andere wiederum lassen sich das Geld nicht ansehen, welches sie im Chaos des Umbruchs mit legalen oder illegalen Methoden erworben haben. Die Häuser links und rechts der Straßen sind sichtbar dabei, sich in westlichem Stil zu kleiden, moderne Glasfassaden von Banken ziehen in fast allen Städten den Blick auf sich, weil architektonische Experimente mittlerweile zum guten Ton gehören. Manchmal fällt es mir schwer, die Orientierung zu bewahren, mir bewusst zu machen, in Polen zu sein. Nicht nur einmal passiert es, dass ich in Gedanken versunken eine neu gebaute Bank betrete und wie selbstverständlich meinen Wunsch auf Englisch äußere. Amerika blitzt durch die Empfangshallen der Hotels, die Empfangsschalter der Banken oder durch die riesigen Einkaufshallen, die immer dichter das Land überziehen.

Aber es sind die alten, traurigen Häuser mit abblätterndem Putz, die mich hinter der Fassade wieder zurückholen nach Polen, mir ein Stück jener Wärme zurückgeben, die mir in dem amerikanisch anmutenden neuen Stil verloren gegangen war. Wider alle Vernunft habe ich sie lieber, betrachte sie länger und intensiver, vielleicht deshalb, weil ich weiß, dass sie keine Zukunft haben und ebenfalls bald verschwinden werden unter der Schminke des Fortschritts. Eines Fortschritts, der für viele Polen längst unerreichbar fern ist. Wie zum Trotz kaufe ich meine Lebensmittel in den kleinen, oft nur zimmergroßen Tante-Emma-Läden, meine Zeitungen in den Kiosken und meine Bücher bei kleinen Händlern. Ich bleibe ihnen treu, obwohl sie seltener werden, immer schwerer zu finden sind, weil einer nach dem anderen geschluckt wird von den riesigen Mägen der Großhändler.

Verführt mich die Nostalgie, gerade das Alte in Polen zu lieben, oder ist es die natürliche Sympathie für den Schwächeren? Ist es die Begeisterung des Außenstehenden für das zu Hause längst Verlorene, oder das Klischee von der Mitmenschlichkeit, die ich hinter der Fassade des Ärmeren vermute? Ich erlebe, wie sich das Neue in Polen dem Alltäglichen in Deutschland allmählich annähert, ihm häufig schon entspricht, ihm manchmal sogar voraus ist, wie ein Stück Identität des Landes durch den Umbruch verloren geht, sich hin entwickelt zum Einheitsbrei moderner Zivilisation. Ende des 20. Jahrhunderts spaziere ich durch ein Land, das mich zum Zeugen macht einer Angleichung mit dem Nachbarkind. Es wollte ja unbedingt so sein, und keinem Fremden steht es zu, ihm diesen Wandel nicht zu gönnen. Aber trotzdem. Ich spüre, dass mit jedem Jahr in der neuen Zeit die Uhren in Polen einen Tick schneller gehen, die Menschen einen Tick gehetzter ihre Einkäufe erledigen und die Gespräche zwischen den Nachbarn einen Tick kürzer werden. Ich rede mir ein, darin läge eine Chance, eine Verbesserung von was auch immer. Hoffe aber im Stillen auf einen anderen Weg. Nur die alten, sehr alten Menschen in Polen betrachten den Wandel gelassen, weil aus sicherer Distanz. Sie lassen sich nicht von ihm mitreißen, kaufen für ihre spärliche Rente ihre Zeitung mit mir an den Kiosken und lassen sich nicht stören von den sonderbaren Melodien der Handys in den Bussen und Zügen.

*

Die Seminarräume an der Universität Oppeln ähneln den Klassenzimmern aus meiner Schulzeit. Jeweils zwei Studenten sitzen in einer Bank, unter der sich Fächer für die Ablage befinden, und hinter dem Lehrerpult steht eine Tafel zum Aufklappen mit Kreidebehälter und Schwamm. Ich fühle mich zurückversetzt in eine Zeit, die geprägt war von schlaflosen Nächten, Schulaufgaben, Extemporalen und Schülerstreichen, einem ständigen Hin- und Hergerissensein zwischen Fußballplatz und Schreibtisch, Freunden und Hausaufgaben. Vor den Seminaren muss ich die Anwesenheit der Studenten überprüfen, dann folgt die Abfrage des Stoffes der letzten Stunde. Ich bin überrascht, wie gut die Studenten schon im ersten Studienjahr deutsch sprechen, bis ich erfahre, wie schwierig die Aufnahmeprüfung für ein Germanistik-Studium an einer polnischen Universität ist. Die zahllosen Quadrate und Rechtecke in den Notenheftchen der Studenten, die Index heißen und eine Art Studienpass darstellen, erinnern mich im ersten Moment an die Notenbücher meiner Lehrer aus der Schulzeit. Hier werden die Zensuren eingetragen aus den Prüfungen, die am Ende über eine Versetzung ins nächste Studienjahr entscheiden. Wer keine ausreichende Note erhält, muss das Jahr wiederholen, wie in der Schule, nachsitzen, während die anderen weiterziehen, bis zum 5. Studienjahr. Schwierigkeiten bereitet mir die umgekehrte Notenskala, die nur vier Abstufungen zulässt. Während eine polnische 2 einer deutschen 6 entspricht, bedeutet eine polnische 5 eine 1. Nicht nur einmal blicke ich in ein entsetztes Gesicht, als ich einem Studenten nach guter Prüfung aus alter Gewohnheit eine 2 ins Notenheft eintrage. Und es kostet mich viel Überwindung, mit einem anerkennenden Lächeln auf den Lippen eine 5 zu vergeben. Sehr gut, eine 5! Anderes Land, andere Sitten. An die muss ich mich eben erst gewöhnen.

Die Lektürelisten der einzelnen Studienjahre versetzen mich in Schrecken. Nicht einmal die Hälfte dieser Werke ist mir im Laufe meines gesamten deutschen Germanistikstudiums begegnet. Von jedem der Autoren müssen die Studenten in der Prüfung die Lebensdaten sowie wichtige Eckpunkte der Biografien nennen können, außerdem deren bedeutendsten Werke mit Erscheinungsjahr und Inhalt. Erstmals seit meinem Lateinunterricht in der Schule drängt sich das Wort *Pauken* zurück in meinen Wortschatz. Während mein eigenes Studium in Deutschland vor allem darin bestanden hatte, Wissenslücken durch umso ausgefallenere Interpretationsansätze zu übertünchen, wird mir nun vorgeführt, was es heißt, sich umfangreiches Faktenwissen anzueignen. Beim Interpretieren freilich stoße ich auf größere Schwierigkeiten, denn viele Studenten versuchen, zuerst mir eine Meinung zu entlocken, um diese dann als eigene übernehmen zu können.

Die meisten der Studierenden an der Germanistischen Fakultät sind Frauen. Viele von ihnen tragen Miniröcke und Chiffonblusen, die mir sofort ins Auge stechen und das Klischee der schönen Polin bedienen. Dabei fällt mir Heine ein, der über die polnischen Frauen schrieb: „Was sind Raffaelsche Farbenkleckse gegen diese Altarbilder der Schönheit, die der lebendige Gott in seinen heitersten Stunden fröhlich hingezeichnet!"

Die Schuhe passen zum Rock, der Rock zur Bluse, die Bluse zum Teint. Ausnahmen bestätigen die Regel. Auch als der Winter kommt und ich mit Schal und Mütze eingemummelt die Universität betrete, bleiben die Mädchen ihrer sommerlichen Kleidung treu, als gäbe es für sie keine Jahreszeiten. Ich traue mich nicht, eine Studentin zu fragen, ob ihr nicht kalt ist oder warum sie sich für das Studium so hübsch macht. Allein die Frage erschiene mir lächerlich. Eher müsste ich die gegenteilige Frage in Deutschland stellen. Die wenigen männlichen Studenten an der Germanistischen Fakultät scheinen das auffällige Styling ihrer Kolleginnen gar nicht mehr wahrzunehmen. Als ich einen befreundeten polnischen Lehrer auf das Phänomen anspreche, schaut er mich nur verwundert an. Ob sich die Studentinnen in Deutschland anders kleideten, fragt er, und ich schweige, vorsichtshalber.

*

An einem Freitag im März bemerke ich, dass viele Menschen in dem Bus, mit dem ich zur Arbeit fahre, rote Rosen in ihren Händen halten. Jungen und Mädchen, Frauen wie Männer. Auch auf der Straße und in den Korridoren der Universität, überall begegne ich an diesem Tag Leuten, die Blumen mit sich herumtragen. Auf dem Marktplatz, in den Kaufhäusern, an den Bushaltestellen oder in den Parks. Mal mit kurzem Stiel, mal mit langem, mal mit großer Blüte, mal mit kleiner, mit Schleife, mit Folie, lässig mit der Blüte nach unten getragen oder sorgsam in den Arm gelegt wie ein Kind. Zunächst vermute ich eine Art Valentinstag, bis ich an einem Blumenstand auf ein rotes Herz stoße mit der Aufschrift *8 marca. Dzień kobiet – 8. März. Tag der Frauen*. Vor der Kassiererin steht eine lange Schlange.

Ein polnischer Freund erzählt mir am Abend, dass dieser Tag vor allem zu kommunistischen Zeiten gefeiert wurde. In den Betrieben bekamen Frauen als Zeichen ihrer Verehrung einzelne rote Tulpen geschenkt, da diese im März blühten. Die Rosen kamen erst später. Nach dem politischen Umbruch wurde zwar auch in Polen der Valentinstag im Februar eingeführt, weil der *Tag der Frauen* zu sehr an die Traditionen vergangener Zeiten erinnerte. Doch die meisten Polen blieben dem Frauentag im März treu, was die eigenartig fröhliche Atmosphäre, die rote Färbung des Stadtbildes an diesem Tag bestätigt: die Gesichter der stolzen Mädchen, die mit zwei oder drei Rosen ihrer Verehrer in den Seminaren erscheinen und sie Trophäen gleich in Vasen auf die Bänke stellen; die Pförtnerin am Eingang der Universität, die ebenfalls eine Rose bekommen hat und sie zur Schau stellt; der Junge, der gerade seiner Freundin, die aus dem Bus steigt, die Blume mit einem Küsschen überreicht. Die rote Farbe der Rosen dient niemandem als Brücke in alte Zeiten. Im

Gegenteil, mir scheint, der Tag hat die Politik überlebt, weil die Frauen sich noch immer über diese Geste freuen.

Frauen

Frauen
weinen
wenn sie schweigen

Frauen
schreien leise
wenn sie Angst haben

Frauen
lieben dich
wenn sie es nicht sagen
wenn sie es sagen
bist du einer von vielen

Frauen
erfühlen deine Lügen
und glauben dir trotzdem
wenn sie dich lieben
wenn sie dich nicht lieben
misstrauen sie auch der Wahrheit

Frauen
wollen nicht verstanden werden
du verstehst sie falsch
wenn du sie verstehst
wenn du sie nicht verstehst
werfen sie es dir vor

Frauen
sehen das Schöne dort
wo nichts Schönes ist
wenn sie dich lieben
wenn sie dich nicht lieben
finden sie das Hässliche überall

Frauen
sind berechenbar
unberechenbar

Frauen
sterben
wenn du sie nicht liebst
wenn du sie liebst
leben sie ewig

Männer

Männer
halten die Liebe
in ihren Händen
wie einen heißen Stein
jonglierend

Männer
versprechen den Augenblick
in der Gewissheit
keine Hellseher zu sein

Männer
lachen laut
wenn sie weinen
wenn sie schweigen
lügen sie nicht

Männer
spielen mit den Augen
blicken
während des Kusses
zum Bett

Männer
fühlen sich gefangen
wenn sie allein sind
in den Ketten
der Geliebten
sind sie frei

*

Ich schreibe ein Gedicht über Frauen. Und schreibe ein Gedicht über Polen und Deutschland. Nichts deutet zunächst darauf hin. Erst später, als ich nach Deutschland zurückkehre, bekommt der Text, auf weißem Papier ohne Hintergrund geschrieben, seine Geschichte. Je nach Land, in dem das Gedicht erscheint, wird es durch weiß-rote oder schwarz-rot-goldene Brillengläser gelesen. Die Mehrheit der Polen versteht das Gedicht als Blume, verschenkt es, bedankt sich. Männer und Frauen lesen es als Liebeserklärung, als Hommage mit Augenzwinkern. In Deutschland dagegen ziehen viele der weiblichen Leser die Lupe heraus, analysieren den Text gründlich Zeile für Zeile mit dem Ergebnis, dass Frauen in Wirklichkeit anders sind, das Gedicht sein Thema verfehlt hat, nur von einem Mann stammen kann. Veranstalter raten mir vor Lesungen vom Vortrag des Gedichtes ab mit dem Hinweis, es könne Verstimmung hervorrufen. Zeitungen veröffentlichen es nicht oder ohne die letzte Strophe. Sie könne falsch verstanden werden, wird mir auf Nachfrage mitgeteilt, als Bekenntnis der Abhängigkeit von den Männern. Leserinnen beschweren sich, dass der Autor keine Ahnung habe von Frauen, zählen die Strophen auf, die einer Prüfung nicht standhalten.

Das Gedicht begleitet mich als eine Art ‚Lackmusprobe' zwischen Deutschland und Polen. Balanciert im Interpretationsspielraum zweier Kulturen zwischen Kompliment und Anmaßung hin und her. Auf einem dünnen Seil. Wird zum Spielball unterschiedlicher Traditionen und Sichtweisen. Mal geliebt, mal verrissen. Auf eine Reise geschickt, deren Ziel der Autor nie zu erkennen vermag.

Später schreibe ich ein Gedicht über Männer. Der Gleichberechtigung halber. Vielleicht. Aber dieses Gedicht zieht keine Geschichte nach sich, gerät nicht zwischen die Fronten, weil es keine Fronten gibt. Lediglich ein älterer Herr meldet sich nach einer Lesung in Deutschland und fragt, warum dieses Gedicht kürzer sei als das Frauengedicht.

Tag der Frauen

Rosen
wohin ich auch sehe
rote Köpfe
tausend kleine Küsse
und dazwischen
mehr oder weniger
Liebe

*

Überall in polnischen Städten stoße ich auf kleine Kioske mit Schaufenstern, die Tapeten gleichen aus Titeln von Zeitungen, Zeitschriften, Magazinen. Wie zur Musterung wird die Fläche unterbrochen von kleinen Regalen, auf denen sich verschiedene Fläschchen und Schachteln aufreihen. Shampoos, Deos, Seifen, Zahnpastabecher, Schreibsets und sogar Walkmankopfhörer bieten sich zum Kauf an. Ihre Existenzberechtigung bekommen diese Kioske, die auf Polnisch *kioski Ruchu* heißen, vor allem dadurch, dass man hier die Fahrscheine für Stadtbusse kaufen kann. *Ruch* bedeutet im Polnischen Bewegung, und ich frage mich, ob sich der Name der Firma von der tiefen Verbeugung her ableitet, die nötig ist, um durch ein kleines, viel zu tief liegendes Schiebefenster Blickkontakt mit der Verkäuferin, denn meist sind es Frauen, aufzunehmen. „Proszę bilet!" – *Einen Fahrschein bitte!*, verlange ich dann mit lauter Stimme, weil sich die meisten Kioske in unmittelbarer Nähe einer Hauptstraße befinden und der Straßenlärm nicht zu Höflichkeitsfloskeln einlädt. „Nie ma!", kommt es dann häufig wie aus der Pistole zurück. *Gibt's nicht!* Ende der Prozedur. Der Nächste bitte. Als hätte die Verkäuferin nur auf mich gewartet, um mir diese Antwort entgegenzubrüllen. *Nie ma!* Ich lerne diese Wortkombination keineswegs deswegen so schnell, weil es in Polen etwa an Produkten mangeln würde. Diese Zeiten sind längst vorbei, und im Warenangebot eines polnischen Supermarkts verliere ich mittlerweile ebenso schnell die Orientierung wie in dem eines deutschen. Aber die meisten polnischen Verkäufer benutzen, wenn es mal etwas nicht gibt, diese Formulierung mit einem Unterton der Entrüstung, schleudern sie geradezu ihrem Gegenüber ins Gesicht. Es heißt nicht: *Haben wir nicht*, sondern: *Gibt es nicht*. Die Grammatik der polnischen Sprache scheint hier eine Hintertür zu bieten für eine versteckte Schuldzuweisung an die

Politik und die Wirtschaft. Das „es“ wälzt die Schuld irgendwie ab vom „wir“, gibt die Verantwortung für den Zustand einem Unbekannten im Hintergrund. Beim Kauf einer Busfahrkarte passiert es mir aber nicht nur einmal, dass mich in meiner Ratlosigkeit plötzlich jemand von hinten an der Schulter antippt, einen Block mit Fahrkarten aus dem Portemonnaie zieht und mir anbietet, von ihm einen Fahrschein zu kaufen. Der Weg vom Ärger zur Begeisterung ist in Polen kürzer als in Deutschland. Und umgekehrt. Die Kurve zwischen den Emotionszuständen hat eine höhere Frequenz und einen größeren Ausschlag. Das gefällt mir und lässt mich über den feindlichen Unterton des *nie ma!* an den Kiosken hinwegsehen.

*

Wie ein Blutkörperchen transportiert mich die Bahn auf Schienen durch das Land. Hier, im Zug, spüre ich den Herzschlag Polens am intensivsten. Das Rattern über die Schienen hat einen anderen Rhythmus als in Deutschland, ist schwerer, gleichmäßiger, auf Bass eingestellt, erinnert mich ein wenig an Fahrten im Auto über alte deutsche Plattenautobahnen. Schon nach wenigen Minuten zieht es mich in seinen Bann, stimuliert meine Träume, die sich durch die Monotonie des hämmernden Rhythmus aus ihren Verstecken hervorgerufen fühlen.

Pulsadern gleich ziehen sich die Haupttrassen der Bahnlinien durchs Land, in ihrer Dichte abnehmend Richtung Osten. Bei den Verspätungen stehen die polnischen Züge ihren westlichen Gefährten in nichts nach, nur empfinde ich die polnischen Verspätungen als weniger ärgerlich. Irgendwie rechne ich mit ihnen, stelle mich auf sie ein, nehme mir ein Buch oder eine Zeitung auf den Bahnsteig zum Lesen mit. So wie die zugreisenden Polen auch. Kommt der Zug pünktlich, freue ich mich, hat er Verspätung, bin ich darauf vorbereitet, nehme es gelassen. In Deutschland gehe ich von der Pünktlichkeit der Züge aus, mache meine Pläne von den Verbindungen abhängig und verfalle regelmäßig in Panik und Ärger, wenn es zu Verzögerungen und verpassten Anschlüssen kommt. Hier arrangiere ich mich mit ihnen, lerne, mit ihnen umzugehen. Einmal erlebe ich, dass die Verspätungsanzeige von 20 Minuten plötzlich umklappt und 240 Minuten anzeigt. Ich weiß nicht, ob es diese Zahl auf deutschen Schildern überhaupt gibt, rechne mit einem Aufschrei der Empörung, Beschwerden und Beschimpfungen. Aber nichts geschieht. Die meisten der Wartenden packen ihre Zeitungen ein und verlassen den Bahnhof irgendwo Richtung Stadt, andere wenden sich den Fahrplänen zu, suchen die nächste Verbindung. In Deutschland würde eine neutrale

Computerstimme verkünden: „Der Zug verspätet sich auf unbestimmte Zeit."

Viele der polnischen Züge gehören einer älteren Generation an, schnaufen manchmal, nicht alles an ihnen ist kerngesund. Mal klemmt ein Fenster, mal fehlt ein Aschenbecher, im Winter fällt schon mal die Heizung aus. Auch die Einteilung der Züge in Personenzüge, Eilzüge und Expresszüge gibt mir Rätsel auf, weil die nur gering unterschiedlichen Fahrzeiten für dieselbe Strecke in keinem Verhältnis zu den erheblichen Aufschlägen bei den Preisen stehen. Doch mit der Zeit achte ich nicht mehr darauf, bin schon froh, wenn ich in den vollen Zügen einen Platz bekomme. Während ich in Deutschland meinen Koffer durch den halben Zug schiebe, um vielleicht doch noch ein leeres Abteil zu finden, erweist sich diese Hoffnung in den meisten polnischen Zügen als Illusion. Jeder stürzt sich auf den nächsten freien Platz, den er findet, und niemanden stört es, wenn das Abteil mit acht Leuten voll besetzt ist. Auf diese Weise rücke ich den Polen näher, betrete in den Abteilen Mikrokosmen des Alltags, die sich mir in den Gesprächen mit den Leuten offenbaren und so die Seele des Landes preisgeben, wie sie kein Reiseführer zu beschreiben vermag. Hier, in den Zügen, begegne ich einem Polen jenseits von Stadtplänen, Jahreszahlen und Drei-Sternchen-Kategorien, einem ungeschminkten Polen, das sich nicht verstellt, nicht posiert, sondern sich zeigt, wie es aussieht, im Landesinneren. Nur selten treffe ich auf Touristen, weil viele Ausländer Angst haben, wegen fehlender Sprachkenntnisse keine Tickets kaufen zu können oder die polnischen Fahrpläne nicht zu verstehen. Obwohl ich die Erfahrung mache, dass die polnischen Schalterbeamten häufig tatsächlich keine Fremdsprache sprechen und auf Grund der immer langen Schlangen wenig Geduld für verirrte Touristen aufbringen, bekomme ich immer eine Fahrkarte, zur Not am Nachbarschalter, mit Händen und Füßen, einem Lächeln, mit Hilfe von Kugelschreibern oder hilfsbereiten Reisenden in der Schlange. Mit der Zeit lerne ich die Begriffe für hin und zurück, Ermäßigung, Schnellzug, Platzkarte. Als ich am Bahnhof in Kattowitz ein Ticket in den Ort Pszczyna, das ehemalige deutsche Pless, verlange und mich in den Konsonanten verlaufe, nur ein endloses Pschtsch in den Lautsprecher am Fenster nuschle, bekomme ich neben einem verständnisvollen Lächeln schließlich auch die Fahrkarte. Nach *Pschtschyna*, wie es mir die Frau hinter der Glasscheibe noch einmal durchs Mikrofon vorspricht. Fürs nächste Mal. Auch im Innern der Abteile erlebe ich nur selten Sprachlosigkeit. Mein deutsches Schweigen im Gesprächsstrudel der Mitreisenden erscheint mir schon nach wenigen Minuten peinlich, unhöflich, und bald schon gebe ich es auf, um mich, freilich zaghaft, der Konversation in der fremden Sprache anzuschließen. Meistens wird mein Mut belohnt. Nicht nur ältere Mitreisende kramen plötzlich aus ihrem Gedächtnis Überreste alter Deutschkenntnisse hervor, auch Schüler und Studenten kommen mir häufig in meiner Muttersprache entgegen. Und wenn gar nichts geht, Hände und Füße sich ausgesprochen haben, ist es die Schokolade, die jemand hervorzieht und reihum gehen lässt, die Gemeinschaft herstellt. Mit zunehmenden Sprachkenntnissen erzählt sich mir das Land von selbst in den Zügen, beklagen sich Hausfrauen über steigende Preise, begeistern sich Studenten über einen neuen Kinofilm, und manch ein Rentner gräbt seine Erinnerungen aus an die Deutschen, gute und weniger gute, spannende und tragische. Manchmal verspüre ich dabei Unbehagen, fürchte Anfeindungen, Vorwürfe, doch die meisten der älteren Frauen und Männer erzählen ohne Emotionen, wollen nur die Zeit der Fahrt überbrücken, vielleicht etwas loswerden oder Neugierde stillen. Immer wieder flechten sie ein Lächeln ein, eine Frage, einen Blick aus dem Fenster, wollen wissen, wie und wo ich ihre Sprache gelernt habe, welche Städte mir in Polen gefallen, wo ich in Deutschland wohne. Viele kennen mein Land, sind begeistert von den deutschen Autobahnen, dem Oktoberfest oder dem bayerischen Bier. Und so verweben sich die Gespräche kunterbunt in alle Richtungen unter der Aufsicht des gleichmäßigen Ratterns des Zuges, der ungeachtet der Themen in den Abteilen einen Bahnhof nach dem anderen hinter sich lässt. Kalt ist es dabei nie, selbst wenn die Heizung mal ausfällt im Winter.

*

Nach wenigen Metern Fahrt möchte ich den Taxifahrer auf eine Kurve aufmerksam machen, an der er abbiegen soll. Ich weiß nicht, was Kurve auf Polnisch heißt, und transplantiere das deutsche Wort in den polnischen Satz. „Niech Pan uważa, tam jest ‚kurve'", sage ich, weiter komme ich nicht, denn der Fahrer bricht in schallendes Gelächter aus. „Gdzie?" – *Wo?*, fragt er noch und kann sich kaum halten. Ich verstehe gar nichts mehr. Später erzähle ich die Geschichte einem polnischen Freund, der zunächst ebenfalls in lautes Gelächter ausbricht, bevor er mich aufklärt darüber, dass *kurva* auf Polnisch *Hure* heißt und ein ebenso unanständiges wie häufiges Schimpfwort der polnischen Sprache darstellt.

Mein Bemühen, die polnische Sprache zu lernen, führt mich nicht nur einmal durch ein Fettnäpfchen. Einmal *übergebe ich mich*, obwohl ich *etwas zurückgeben* will, ein anderes Mal hole ich einen Rollmops *aus dem Urwald* statt *aus einer Dose*. Manchmal entscheidet nur ein einziger Buchstabe darüber, ob ich Verständnis auslöse oder Erheiterung, eine Antwort bekomme oder Kopfschütteln hervorrufe. Ich tröste mich damit, dass auch mancher deutsche *Muskelkater* in polnischen Mündern zur *Muskelkatze* umgewandelt wird, und arbeite mich weiter durch das Gestrüpp polnischer Konsonanten, Zischlaute und Nasale. Und je mehr ich mich durchschlage durch den einst so undurchdringlich scheinenden Urwald, umso klarer offenbart sich mir die Logik des Chaos, die Regel im System. Während das Englische mich anfangs umgarnte in seiner Einfachheit, mich als Schüler verlockte mit seiner vordergründigen Ähnlichkeit zum Deutschen, um mich dann mehr und mehr in ein Labyrinth zu verstricken, in dem einem einfachen Wort wie *box* je nach Textzusammenhang 32 verschiedene Bedeutungen zukommen, verliert die polnische Sprache mit der Zeit ihren

Schrecken, entpuppt sich als durchaus erlernbar und benutzerfreundlich. Vor allem aber legt sie mir die Tücken meiner eigenen Muttersprache offen, mit ihrer Unzahl an Präpositionen, dem bestimmten und unbestimmten Artikel, vom Konjunktiv gar nicht zu reden. Mich beeindruckt die Möglichkeit der polnischen Sprache, grammatische Kategorien wie Person oder Tempus am Ende eines Verbs verschwinden zu lassen, um so die Bedeutung auf das Wesentliche zu reduzieren. *Ich gehe in die Schule* heißt auf Polnisch *Idę do szkoły*, *Ich habe eine Uhr: Mam zegarek*. Die Worte in den Sätzen rücken zusammen, lassen die Luft raus, indem sie auf Artikel verzichten und die Anzahl von Präpositionen begrenzen. Als ich später polnische Gedichte ins Deutsche übertrage, blasen sich selbst einfache Texte im Deutschen auf wie ein Ballon, nur das Gerippe verweist noch auf das Original.

Endlich in der Lage, ein paar polnische Sätze ins Leben zu rufen, vermuten die Polen bei mir gleich eine polnische Vergangenheit. Haben Sie in Polen Familie? Sind Ihre Eltern aus Polen? Selbst hinter einem polnischen *Danke* und *Bitte* wähnen sie schon eine zweisprachige Erziehung in Deutschland oder wenigstens polnische Verwandtschaft. Als Ausländer, der die polnische Sprache lernt, werde ich zum bewunderten Kuriosum. Und so geizen die Polen nicht mit Komplimenten, lächeln selbst dann verständnisvoll, wenn sie meine Sätze nicht verstehen. Aber es dauert nicht lange, dann esse ich den Rollmops *aus der Dose*, *übergebe* etwas ordentlich und auch der Taxifahrer biegt ab, wenn ich sage: „Niech pan uważa, tam jest zakręt."

*

In seiner Breslauer Wohnung besuche ich den Dichter Tadeusz Różewicz. Wie fast überall in Polen stehen unten an der Tür des Mehrfamilienhauses keine Namensschilder, sondern nur Zahlen neben den Klingeln. Obwohl ich schon oft hier war, bin ich mir nie sicher, den richtigen Knopf zu drücken, und atme jedes Mal erleichtert auf, wenn sich die mir vertraute Stimme seiner Frau durch die Anlage meldet und der Türöffner surrt.

Als ich Tadeusz Różewicz zum ersten Mal sah, war ich acht Jahre alt und wusste nicht, dass dieser ältere Herr mit seinem verschmitzten Lächeln in seinem Land ein berühmter Dichter ist. Meine Eltern nannten ihn „Tadeusz", aber für uns Kinder hatte der Herr lange Zeit keinen Namen, weil wir uns nicht trauten, ihn beim Vornamen anzusprechen, den Nachnamen uns aber nicht merken konnten. Wir wussten immer, wer gemeint war, wenn unsere Eltern sagten „Tadeusz kommt", und freuten uns auf den Besuch des „polnischen Onkels", weil er gut deutsch sprach und ab und zu mit uns auf den Fußballplatz ging, um ein ‚Länderspiel' auszutragen. Diese ‚Spiele' waren für uns umso mehr von Bedeutung, als mein Vater sie aus uns damals noch völlig unverständlichen Gründen häufig vom Spielfeldrand aus mit der Filmkamera aufnahm und wir Kinder uns unter dieser medialen Beobachtung natürlich besonders anstrengten. Bei einem Besuch im Sommer 1979 schenkte mir „Herr Tadeusz" ein kleines, deutschsprachiges Taschenbuch, auf dessen Umschlag ich erstmals seinen vollständigen Namen las: Tadeusz Różewicz. Das Buch hieß *Schattenspiele* und enthielt auf der ersten Seite eine handgeschriebene Widmung für mich: *Maciejowi z prośbą, żeby nie zaczął pisać wierszy przed 60 rokiem życia.* Mit zehn Jahren hielt sich meine Begeisterung für polnische Lyrik, selbst wenn sie mir in einer geheimnisvoll aussehenden Fremdsprache gewidmet war, freilich in Grenzen, sodass ich mich, ohne weiter nachzufragen, artig bei „Herrn Tadeusz“ für das Geschenk bedankte, um es auf kürzestem Wege in die zweite Reihe eines Bücherregals zu befördern. Erst 20 Jahre nach dieser ‚Schenkung‘, als ich selber schon mehrere Gedichtbände veröffentlicht hatte, kramte ich das Buch wieder hervor, weil Różewicz ein darin enthaltenes Gedicht nachsehen wollte, und mein Entsetzen war groß, als ich die Widmung von damals nun verstand: *Für Matthias mit der Bitte, dass er nicht vor seinem 60. Lebensjahr anfängt Gedichte zu schreiben...*

Seine Frau Wiesława steht an der Tür und freut sich über die Rose, die ich ihr bringe. Aus seinem Arbeitszimmer kommt „Herr Tadeusz“ mit seinen kleinen, zusammengekniffenen Augen hinter der Brille und diesem verschmitzten Lächeln, das mir schon so lange vertraut ist. Wir gehen ins Wohnzimmer, wo der Tisch gedeckt ist für Kaffee und Kuchen, reden über zu Hause, meine Eltern, meine Brüder. Außerdem über aktuelle Nachrichten, Kriege, Katastrophen, über die Różewicz spricht, als wären sie eine Familienangelegenheit, also eine ernst zu nehmende Sache. Er spricht nicht viel und in kurzen Sätzen, aber jeder Satz ist notwendig, um seinen Gedankengang nachzuvollziehen, denn er wiederholt nichts, schiebt nichts ein, schweift nicht ab. Es hat viele Jahre gedauert, bis ich mich an diese Art von Gespräch gewöhnt habe, denn sie erfordert hohe Aufmerksamkeit, Wachsamkeit, erlaubt keinen Smalltalk dazwischen, keine Denkpause.

Die Literatur ist nur selten ein Thema, denn Różewicz spricht nicht über sie, sondern schreibt sie. Er versteht sich nicht als Teil einer abstrakten Literaturgeschichte, die Stars und Sternchen hervorbringt, im Scheinwerferlicht gelesen oder in der Schule abgefragt wird. Seine Kunst dient keinem Zweck, der einer Interpretation durch den Autor bedarf, erwartet keine Beurteilung durch Preisrichter. „Meine Lyrik /

übersetzt nichts / erklärt nichts / sagt nichts aus“, heißt es in einem seiner Gedichte. Und er meint es ernst. Nicht als Metapher oder Wortspiel des Intellekts. „Rose heißt eine Blume / oder ein totes Mädchen“. Entweder oder. Mehr nicht. Daher gibt es bei ihm keinen Unterschied im Stil zwischen Unterhaltung und Poesie, zwischen Wahrheit und Dichtung.

Gestern habe ein Schüler bei ihm angerufen, erzählt er, der vom Autor eine Interpretationshilfe wünschte und sich für die Störung entschuldigte. Dann ein Journalist, der etwas über seinen neuen Film wissen wollte, den freilich sein Bruder Stanisław, ein bekannter Regisseur, gedreht hat. Dabei lacht er über die Lächerlichkeit dieser Ereignisse, schiebt Verwunderung vor und vermittelt dennoch zwischen den Zeilen, wie ernst es ihm ist. Häufig erzählt er mir Kleinigkeiten, die auf den ersten Blick vergessen werden wollen, doch so, wie er sie mir erzählt, entwickeln sie plötzlich ein Eigenleben, blasen sich auf, beginnen zu schillern und werden plötzlich stärker und kräftiger als jede scheinbar bedeutungsschwangere Phrase.

Von Różewicz habe ich das Lesen gelernt. Das richtige Lesen. Jedes einzelne Wort eines Textes mit den Augen auszuziehen und seine Bedeutung bis auf den Grund auszuleuchten, sodass es den Buchstaben peinlich sein muss. Oft saß er bei uns zu Hause im Schaukelstuhl, in die Zeitung vertieft, bis er plötzlich einen Satz laut vorlas. Einen banalen Satz, den ich übersehen hätte, hätte „Herr Tadeusz“ ihn nicht laut vorgelesen. Und plötzlich, umgeben von Stille, gewann dieser Satz an Größe, bekam Substanz, formte sich zu einer Nadel, die zustach. Dieser Art entspricht auch sein Humor, der nichts mit Pointiertheit oder Effekt zu tun hat. Der Witz grinst bei ihm immer hinter der Fassade des Ernstes hervor, so wie die Tragik hinter der Fassade des Witzes durchscheint.

Das Telefon klingelt. Seine Frau ruft ihn. Ein Redakteur einer großen polnischen Zeitung bittet um ein Interview, das er, wie die meisten Journalisten, jedoch nicht bekommt, denn Różewicz gibt nicht gerne Interviews, exhibitioniert sich nicht vor dem Mikrofon oder der Kamera. Erzählt nicht über sich selbst, denn jenseits seiner Texte gibt es für ihn nichts zu erzählen. Er mag keine Journalisten, sagen Journalisten, die nicht in der Lage sind, seinen Namen richtig zu schreiben, seine Werke mit anderen verwechseln oder das Interview mit der Frage beginnen: Wie fühlen Sie sich als berühmter Schriftsteller? Und sie waren gekränkt, als Różewicz ihnen mit Augenzwinkern in dem Gedicht *Ruhm* ein Denkmal setzte: „der lokalredakteur / des hiesigen blättchens / der über mich schrieb / ‚der bekannte wrocławer dichter' / und der mich mit ‚Herr Stanisław' / anspricht fühlt sich gekränkt / das nette mädchen / auch journalistin / aus der regionalbeilage / der hauptstädtischen ‚Gazeta' / hat nur eine frage / stellt aber drei / ohne eine antwort abzuwarten."

Ich frage „Herrn Tadeusz" heute, warum er mir als damals 10-jährigem Jungen diese merkwürdige Widmung in die *Schattenspiele* geschrieben hat. Er verweist mich auf ein Märchen von Hans Christian Andersen mit dem Titel *Tante Zahnweh*, in dem ich die Antwort auf meine Frage finden würde. Wir verabschieden uns, und am nächsten Tag suche ich das Märchen in der Bibliothek. Einem jungen Mann, der ständig an Zahnschmerzen leidet, wird von seiner Verwandtschaft eine Karriere als großer Dichter prophezeit. Eines Nachts begegnet ihm im Traum die mächtige Tante Zahnweh, die ihn mit Schmerzen quält und ihm verkündet: „Ein großer Dichter soll großes Zahnweh haben, ein kleiner Dichter kleines Zahnweh!" Er verzichtet auf seine Karriere...

*

Kurz nach halb acht Uhr morgens. Der Bus ins Oppelner Zentrum ist so voll besetzt, dass die Doppeltüren an jeder Station mehrere Anläufe benötigen, um ihre Flügel schließen zu können. Fast erwecken sie den Eindruck, als möchten sie nachhelfen, die Masse in den Bus zu stopfen, damit es weitergehen kann. Mit Mühe verteidige ich meinen Stehplatz zwischen Schulranzen, Aktentaschen und einem Kinderwagen, der neugierige Blicke auf sich zieht. Der jungen Mutter wird sofort ein Platz angeboten, ebenso haben die meisten der Schüler den zusteigenden älteren Damen und Herren ihren Platz frei gemacht. Bei einem Schüler mit Walkman und tief ins Gesicht gezogener Mütze hilft ein jüngerer Herr etwas nach, indem er mit strengem Blick und einer kurzen Handbewegung Rücksicht auf eine ältere Dame einfordert. Sichtbar gelangweilt räumt der Schüler den Platz, während ihn verständnislose Blicke der Umstehenden treffen. „Keinen Anstand mehr“, höre ich eine Frau aus einer Ecke sagen. Dann verliert sich ihre Stimme im Rausch der Laute, vermischt sich mit den anderen zu einem unentwirrbaren Knäuel.

Plötzlich wird es merklich leiser im Bus, Unruhe macht sich breit. „Kontrola biletów“, flüstert es durch den Gang, einige Passagiere machen Witze, weil es so eng ist, dass es für den Kontrolleur kaum ein Durchkommen gibt. Fast jeden Tag gerate ich in eine Kontrolle und habe sogar schon angefangen, die Kontrolle zu vermissen, wenn sie mal ausbleibt. Während ich in Deutschland die Fahrkarte nach dem Entwerten ins Portemonnaie stecke, behalte ich sie in Polen gleich in der Hand. Vor wenigen Jahren noch machten mich diese Kontrollen in polnischen Bussen nervös, weckten Unbehagen in mir, denn die Fahrkarten mussten mit einem Locher im Bus gestanzt werden. Am Lochmuster konnte ein Kontrolleur erkennen, ob die Fahrkarte in diesem oder einem anderen Bus entwertet wurde. Manchmal drückte ich den Hebel nicht fest genug nach hinten, sodass die Löcher nur angerissen wurden. Beim zweiten Versuch hatte die Fahrkarte dann plötzlich doppelt so viele Löcher wie vorgesehen, weshalb mir die Kontrolle häufig wie ein Glücksspiel erschien. Doch zu meinem großen Erstaunen akzeptierten die Kontrolleure meine Fahrkarten, selbst wenn sie durch mein technisches Versagen noch so verstümmelt waren. Sie hielten die Karten immer nur kurz ins Licht und bedankten sich dann höflich. Weiß der Teufel, wie sie das gemacht haben. Nur selten erlebte ich Diskussionen zwischen Kontrolleuren und Fahrgästen, wurde ich Zeuge von Streitigkeiten über die Löcher. Mittlerweile steht in den meisten Bussen schon ein Automat bereit, der leise surrend einen Kode auf die Karte druckt und deren Gültigkeit über jeden Zweifel erhaben sein lässt. Damit haben die Diskussionen darüber, ob nun ein Loch an der richtigen Stelle sei oder nicht, ein Ende gefunden. Jetzt wird nicht mehr diskutiert. Nur noch festgestellt.

In dem Moment, als ich von dem Kontrolleur meinen Fahrschein zurückerhalte, klingelt neben mir ein Handy. Mittlerweile klingelt ständig irgendwo ein Handy. Im Zug. Im Bus. Auf der Straße oder in den Geschäften. Würde ich die Augen schließen und mich allein am Klingeln der Handys orientieren, ich wüsste nicht, ob ich mich in Deutschland oder Polen befände. Die Melodie von *Anton aus Tirol* bringt mich unwillkürlich zum Lachen. Immer wieder habe ich das Lied im polnischen Radio gehört. Auch *Männer sind Schweine* oder Falco's *Jeanny* folgten mir hierher. Ich frage mich manchmal, ob die Polen verstehen, was sie so begeistert mitsingen, oder ob es ihnen so geht wie uns mit den amerikanischen Texten. Dem Handy ist es egal.

Als ich Mitte der 90er-Jahre erstmals einige Wochen in Oppeln wohnte, hatten viele meiner neuen Freunde noch gar kein Telefon. Als Deutscher gewohnt, nicht unangemeldet vor einer fremden Tür zu stehen, bin ich anfangs zu ihnen mit der Straßenbahn gefahren, nur um einen Termin für einen Besuch auszumachen. In der Regel fand der Besuch dann sofort statt, und mein ursprüngliches Ansinnen, nur einen Termin auszumachen, wurde höflich belächelt. Angesichts der Menge von Handys werde ich nun den Eindruck nicht los, dass viele Polen die Stufe des Festnetzes einfach übersprungen haben und gleich mobil geworden sind. Mit der Verbindung scheint es bei meinem Nachbarn im Bus allerdings nicht so recht zu funktionieren. Mit der einen Hand, in der er zugleich eine Aktentasche trägt, hält er sich das linke Ohr zu, mit der anderen hält er gleichzeitig das Handy und die Schlaufe zum Festhalten im Bus. Dazu ruft er mehrfach „halo, halo“ ins Mikrofon, bis er schließlich aufgibt und mit verständnislosem Blick das Display seines hochmodernen Geräts betrachtet. Scheiß Technik, mag er sich denken, und während ich aussteige, verspüre ich einen Moment Zweifel an dem Glück darüber, wie schnell das Land dem europäischen Standard entgegeneilt.

*

Hinter mir fällt die schwere Holztür der Kirche ins Schloss, und sofort verstummt der Lärm von der Straße. Als trennte die Tür zwei Welten. Ich kenne den Namen der Kirche nicht, weiß nicht, wem sie geweiht ist, ob sie berühmt ist oder nur als gewöhnliche Pfarrkirche dient. Aber ihre Türme zogen mich an, wie mich jede Kirche anzieht, wenn es draußen zu laut wird, die Menschen zu dicht aufeinander gehen, ich mich im Diktat der Werbungen, Schilder und Ampeln zu verlieren drohe. Plötzlich spielt es keine Rolle mehr, ob ich mich in Warschau befinde oder Berlin, in Lodz oder München, Danzig oder Hamburg. Die Kirchen bilden ein eigenes Land im Land, eine Art Botschaften der Religion, Schutzzonen im großen Ich-fang-dich-Spiel der Welt. In Deutschland wie in Polen. Allein am Innenraum einer katholischen Kirche vermag ich nur schwer zu erkennen, in welchem Land sie steht. Die Gotteshäuser offenbaren mir ihre Nationalität nur selten durch ihre Einrichtung. Erst wenn Menschen den Innenraum betreten, ein Gottesdienst gefeiert wird oder ein Beichtstuhl besetzt ist, spiegeln sich die Länder in ihnen wider. Nicht allein durch die Sprache, sondern auch durch die Art und Weise des Glaubensbekenntnisses.

Ich tauche drei Finger meiner rechten Hand in den steinernen Weihwasserkessel, mache ein Kreuzzeichen und beginne meinen Rundgang im rechten Kirchenschiff. Ein junges Mädchen kniet in ein Gebet versunken am Marienaltar. Neben ihr liegt eine Plastiktüte, aus der ein Toastbrot und eine Rolle Geschenkpapier herausragen. Noch während ich an ihr vorbeigehe, schlägt sie ein Kreuzzeichen, greift nach der Tüte, erhebt sich und eilt mit schnellen Schritten zum Ausgang, wo sie nach einem weiteren Kreuzzeichen mit Weihwasser und einer flüchtigen Kniebeuge die Kirche durch die schwere Holztür verlässt.

Ich habe dieses Mädchen schon in vielen Kirchen Polens gesehen, auch die Plastiktüte mit Toastbrot, Geschenkpapier oder anderen Alltäglichkeiten. Manchmal trug das Mädchen eine Schultasche bei sich, manchmal eine Studienmappe oder ein kleines Kind auf dem Arm. Einmal begegnete ich in einer Kirche einem Jungen, der vor einem Beichtstuhl kniete und aus dessen Tasche das Ende einer zusammengefalteten Fahne eines Fußballvereines ragte. Solche Details fallen mir auf, denn einer so offenen Verbindung von Alltag und Gebet begegne ich in Deutschland selten. Die Religion ist in Polen allgegenwärtig, das Bedürfnis, ein Gotteshaus aufzusuchen, wird nicht nur durch einen Sonn- oder Feiertag geweckt.

Auch in dieser Kirche ist gerade ein Beichtstuhl besetzt. Sieben oder acht Menschen knien davor quer über den Seitengang, eine ältere Frau auf einem Kissen, weil der harte und kalte Steinboden schmerzt. Der Anblick ist mir unangenehm, weil ich mich als störend empfinde, als fremder Voyeur, der durch die Kirche spaziert, anstatt in ihr zu beten. Ich knie mich in eine der Bänke unweit des Beichtstuhls und lasse den Blick durch den Kirchenraum schweifen. Aus dem offenen Beichtstuhl dringt das leise Flüstern des Priesters zu mir, der mit geschlossenen Augen und der rechten Hand an der Stirn dem Beichtenden hinter dem Holzgitter seine Aufmerksamkeit schenkt. Könnte ich so beichten? Würde ich auf dem Boden knien, um zu warten, bis ich an die Reihe komme? Was wäre, wenn ein Bekannter mich so sähe? Ich würde wahrscheinlich schnell aufstehen, ihm die Hand schütteln, mich mit ihm nach draußen begeben und möglichst die Situation, in der er mich angetroffen hat, nicht mehr erwähnen, weil sie mir peinlich wäre.

Mir fällt mein erster Besuch im polnischen Wallfahrtsort Tschenstochau ein, wo ich Zeuge eines Glaubensbekenntnisses wurde, das bei mir einen tiefen Eindruck hinterließ. Hunderte von Menschen rutschten auf Knien über den Boden einer Kapelle, hielten um ihre Finger gewickelt die Perlen eines Rosenkranzes und beteten so laut und eindringlich Litaneien zur Heiligen Muttergottes, dass ich mich in eine andere Zeit zurückversetzt fühlte. Alte Frauen und Männer, Mädchen und Jungen, lächelnde und ernste Gesichter, alle so verschieden und doch so vereint in ihrem Glauben an denselben Gott, dem ich mich in Deutschland meist nur schweigend oder verschämt ein Gebet sprechend genähert hatte. Der Schall der Gesänge in Tschenstochau rief in mir einen Schauer hervor, ein Gefühl, als wäre ich nur Beobachter einer Zeremonie, die mich nichts anginge und deren Geheimnisse mir ewig unergründlich blieben. Der entschiedene Ausdruck dieser Gesichter ließ keinen Platz mehr für Zweifel, Ausreden, Spekulationen, keinen Raum für Interpretationen und Diskussionen. Während ich mich mit der Frage quälte, ob es einen Gott gibt, traf ich hier auf Menschen, deren Gebete unmöglich nur auf Glaube und Hoffnung gestützt sein konnten, sondern auf Gewissheit und Überzeugung beruhen mussten. Und über allem thronte in goldenem Gewand im Hauptaltar der Kapelle das berühmte Bild der Schwarzen Madonna von Tschenstochau, deren Gesichtsausdruck meine Vorstellung von Maria von da ab nachhaltig veränderte. Kein liebliches Lächeln, kein mütterliches Streicheln des Jesuskindes im Arm, sondern ein trauriger, fast finsterer Blick heraus aus dem Rahmen irgendwohin ins Leere. Ich fragte meine Mutter damals, woher die beiden Narben auf der rechten Wange von Maria stammten, habe aber die Antwort vergessen. Vielleicht ist es dieses Hinterfragen, das mich als deutschen Katholiken so sehr von den polnischen unterscheidet. Ich möchte Antworten haben, Beweise, Erklärungen, um besser glauben zu können. Möchte mich Gott über Tatsachen nähern, ihn verstehen, um ihm vertrauen zu können. Wenn mich in Deutschland jemand fragt, ob ich an Gott glaube, suche ich eine Hintertür, stelle

Gott zur Disposition, antworte ja – aber. Bei den Polen, die ich frage, klingt das Ja dagegen sicher und wirft Zweifel zurück auf mich selbst. Manchmal ertappe ich mich bei der Überlegung, ob ein polnischer Katholik vielleicht mehr weiß über Gott als ich, deswegen sicherer sein kann in seinem Vertrauen, oder ob er die Zweifel nur verbirgt hinter einer demonstrativen Erfüllung äußerlicher Glaubenspflichten, einem vor sich selber zur Schau getragenen Bekenntnis. Der massenhafte Handel mit Devotionalien vor der Wallfahrtskirche hätte mir ausreichend Argumente für Spott und Ablehnung gegeben, genug, um einen Deutschen darauf mit dem Finger zeigen und sagen zu lassen: Das soll wahrer Glaube sein? Marienbilder, aufgeklebt auf Tassen, Holzkästchen, Aschenbechern, Figuren mit Heiligenschein aus Holz, Gips oder Porzellan, Anhänger, Ketten, Geschirr, Kerzen, ich glaube, selbst ein Gartenzwerg in Gestalt Marias hätte mich damals nicht überrascht. Es dauerte lange, bis ich gelernt habe, mit dieser Art des Glaubensbekenntnisses umgehen zu können, zu verstehen, dass Begeisterung durchaus Ausdruck im Kitsch finden kann. Fehlt die Begeisterung, fehlt auch das Verständnis. Deswegen warfen die Formen des polnischen Katholizismus für mich oftmals Fragen auf, provozierten mich zu Diskussionen mit Polen, die nicht zu führen ich erst lernen musste. Über den Papst zum Beispiel, oder die Rolle der Kirche in politischen Fragen.

Ich finde keine Antwort auf meine Zweifel, in keiner Kirche Deutschlands oder Polens. Treffe keine Entscheidung für oder gegen eine der Formen, seinen Glauben auszudrücken. Aber ich brauche auch keine mehr. Schon lange spüre ich in mir Achtung und Respekt für das Mädchen mit der Einkaufstüte, den Jungen mit der Fahne oder die Frau mit dem Kissen unter den Knien, die gerade den Beichtstuhl betritt. Sie zeigen mir, wie einfach der Weg zu Gott sein kann, wenn er nicht über Fragen oder Argumente führt, unabhängig davon, ob es der richtige Weg ist. In Polen habe ich gelernt, mich einer Gemeinde anzuschließen, nicht abseits zu sitzen irgendwo in der Kirche, möglichst weit weg vom Nächsten, um mein Gebet für mich behalten zu können. Ich habe die Scheu verloren, laut zu singen und laut zu beten, denn die Gemeinschaft, in der ich bete, empfinde ich als aufrichtig, eine, die mich mitreißt und begeistert.

Fast immer ist das Gotteshaus gefüllt, wenn ich sonntagmorgens in Oppeln die Messe besuche, und das Singen der Menschen ist noch auf der Straße zu hören. Doch die neu gewonnene Freiheit reißt auch hier tiefe Wunden in eingespielte Traditionen. Die Kirche in Polen hat ihren Gegner im Land verloren, ist herausgetreten aus der Opposition und steht jetzt auf sich gestellt dem neuen Denken gegenüber. Immer öfter führt der Weg der Menschen aus dem sonntäglichen Gottesdienst in ein geöffnetes Kaufhaus. Aktionstag. Familientag. Ein Vorwand findet sich immer. Und über die Pille oder Sex vor der Ehe wird schon lange nicht mehr diskutiert, ebenso wie bei der Frage nach dem Papst schon viele Polen abwinken. Es gibt andere Probleme, denn die Zeit wird immer kostbarer und das Konkurrenzangebot immer größer. Das Mädchen mit der Plastiktüte wird immer schneller laufen müssen zu ihrem Gebet, das immer kürzer werden wird. Irgendwann wird sie es ausschließlich auf den Sonntag beschränken und dann ohne Plastiktüte kommen, hübsch gekleidet und zurechtgemacht. Als wäre der Besuch der Kirche etwas Besonderes.

Fernreise

*

Lange Zeit habe ich verständnislos auf jene älteren Menschen geblickt, die mit Stadtplänen aus der Vorkriegszeit durch die nun polnisch gewordenen Stätten ihrer Kindheit irren, um wiederzufinden, was längst verloren ist. In Oppeln, Danzig oder Breslau, immer wieder bin ich Menschen begegnet, die sich im hohen Alter noch einmal aufgemacht haben, um sich im Spiegel ihrer eigenen Erinnerung zu betrachten. Viele habe ich weinen sehen, als sie feststellten, dass der Spiegel zerbrochen, die Häuser von einst zerstört waren oder ihre Identität gewechselt haben. Andere standen mit verklärtem Blick auf der Straße, deuteten mit den Händen mal hierhin, mal dorthin, schwiegen im Konjunktiv. „Heimweh-Touristen" hat sie der Journalismus etwas abfällig getauft, und ich fand das Wort treffend – bis ich mich eines Tages selber aufmachte, um mit meiner Großmutter, meinem Vater und dessen Schwester zum ersten Mal gemeinsam nach Oberschlesien zu fahren und eine Geschichte zu retten, die nur zwei Wege kennt: mit den Alten auszusterben oder an die junge Generation weitergegeben zu werden.

*

Die Zeitreise beginnt auf einem Feldweg. Wir sind abgebogen von der Hauptstraße zwischen Groß Strehlitz und Gleiwitz in Richtung eines kleinen, abseits gelegenen Ortes namens Grzeboszowice. Obwohl ich mit den Tücken der polnischen Sprache in den letzten Jahren vertraut geworden bin, bereitet mir der Name Schwierigkeiten. Grzeboszowice. Staub wirbelt auf, Steine schlagen gegen die Karosserie unseres Wagens. Die Sommerhitze lässt die Landschaft flimmern, fast instinktiv möchte ich die Scheibenwischer anschalten, um besser sehen zu können. Meine Großmutter Maria, die hinten neben der Schwester meines Vaters im Wagen sitzt, hat die Augen geschlossen und weiß trotzdem genau, wo wir uns gerade befinden. Zu Hause, in Deutschland, sprach sie nur selten von den alten Zeiten. Auch Schweigen ist eine Form des Vergessens. Sie vermied es sich zu erinnern, weil niemand gerne in den Spiegel schaut, um Entstellungen zu betrachten. Das Sprechen über die Vergangenheit versetzte sie in eine Welt, in die sie nicht mehr zurück wollte. Eigentlich nie mehr. Aber seitdem wir in Leschnitz, das auf Polnisch Leśnica heißt, vor zwei Tagen angekommen sind, scheint sie wie verwandelt. Jedes Haus und jeder Baum weckt eine Geschichte in ihr, einen Namen, ein altes Geschäft, eine Alltäglichkeit. Als ob eine Schallplatte angesprungen wäre, die Nadel die Rille gefunden hätte und unbeirrt den Text abspielt, ohne Umweg, ohne Kratzer. Nun hat sie sich doch noch einmal aufgemacht, mit über 80 Jahren, ihrem Sohn, ihrer Tochter und ihrem Enkel die alte Heimat zu zeigen, jene Orte, an denen sie ihre Kindheit und Jugend verbrachte, bevor sie Polen 1957 den Rücken kehrte, um zu ihrem Mann nach Deutschland zu ziehen. Es war ihre Bitte gewesen, sie noch einmal dorthin zu bringen, wo sie als Kind gespielt hatte, mein Vater geboren wurde und zur Schule ging. Wo sie den Einmarsch der Roten Armee miterleben musste, in zwölf verschiedenen Wohnungen gelebt und einige Jahre als Briefträgerin gearbeitet hatte. Mein Vater war mitgereist, um mit der Kamera die Stationen einzufangen, Bilder festzuhalten für sich und uns Kinder, damit etwas blieb von der Geschichte, das weiterzugeben war.

Anfangs zögerte ich mitzufahren. Zu oft musste ich in Oberschlesien die Auseinandersetzungen ehemaliger Vertriebener mit den neuen polnischen Hausbesitzern erleben, zu oft erfahren, wie sehr die Vergangenheit als Schlagstock in der Gegenwart missbraucht werden konnte. Mir fehlte die Beziehung, die Betroffenheit, vielleicht sogar das Vorstellungsvermögen. Wieder tauchte die Frage nach der Brücke zwischen Vergangenheit und Gegenwart auf. Wie viel geht mich diese Vergangenheit an? So viel vielleicht, wie mich Hitler und der Nationalsozialismus angeht? Oder doch mehr, weil es diesmal meine Wurzeln sind, meine Kämpfe in einer anderen Generation? Dort, wo ich geboren wurde, könnte ich jeden Tag spazieren gehen, selbst im Sandkasten spielen, wenn ich wollte, aber gerade weil ich es könnte, fehlt mir das Verlangen danach. Es läuft mir nichts davon, keiner sperrt mir etwas zu. Das ist der Unterschied. Weil meine Großmutter jahrzehntelang nicht mehr in das nun fremde Land zurückkehren konnte, steigerte sich ihre Sehnsucht, erhielt sich ihr Schmerz um den Verlust. Die Schuld daran gab sie denjenigen, die nach dem Krieg ihre Heimat in Besitz genommen und ihr entfremdet hatten. Den Polacken, wie sie sie nannte, ohne Hass, aber mit Geringschätzung.

Ich weiß nicht, auf welche Seite ich gehöre, mir fehlt das Gefühl mich zu entscheiden. Also warte ich ab. Wie wird meine Großmutter reagieren, wenn sie jenes Grundstück in Boritsch wiederfindet, auf dem sich einst ein Mühlrad im Wasser drehte und die Schwäne an einem großen Teich, der ihrer Familie gehörte, ihre Nester bauten? Was werden die heutigen Bewohner sagen? Ein einziges Mal hatte sie mit mir über ihre Vergangenheit gesprochen, vor vielen Jahren. Bei einem Besuch in Regensburg saß sie auf der Terrasse und schälte Äpfel, während sie mir ihre Geschichte erzählte. Das Gut in Boritsch, auf dem sie als Kind aufgewachsen war, mussten ihre Eltern samt Mühle und Teich auf Grund von Schulden noch vor dem Krieg verkaufen. Die Familie zog nach Greboschowitz, wo mein Vater geboren wurde, und schließlich nach Leschnitz, wo sie bis zur Aussiedlung 1957 in verschiedenen Wohnungen lebte. Obwohl meine Großmutter nach dem Krieg in Oberschlesien bleiben durfte, fühlte sie sich dort plötzlich fremd und vertrieben, herausgedrängt von den Polen, die nun an den Orten ihrer Kindheit wohnten und diese einer fremden Sprache und Kultur unterwarfen. Ihre Sehnsucht nach den einst so vertrauten Orten nahm meine Großmutter später nach Deutschland mit. Nach der Mühle. Dem Teich. Nach Oberschlesien, ihrer Heimat.

Erst als ich heute Morgen die Landkarte aufschlug, um unsere Route zu studieren, nahmen jene leeren Ortsnamen konkrete Gestalt an, platzierten sich scheinbar selbstverständlich in der Wirklichkeit, offenbarten mir ihre Identität. In Borycz, das vor dem Krieg noch Boritsch geschrieben wurde, war meine Großmutter aufgewachsen, in Schironowitz, beziehungsweise dessen Weiler Greboschowitz, wollten wir das Geburtshaus meines Vaters besuchen. Schironowitz wurde 1936 in Grünheide umbenannt und ist so auch im Ausweis meines Vaters als Geburtsort angegeben. Nach dem Krieg wurde Schironowitz dann in Sieroniowice und Greboschowitz in Grzeboszowice umbenannt. So finde ich die beiden kleinen Orte auch auf der polnischen Straßenkarte.

In den ersten Stunden unserer Reise fühlte ich mich nur als Chauffeur zweier Generationen, die hier in Polen etwas zu erledigen hatten. Die auf der Suche waren nach etwas, das sie verloren hatten. Etwas, was ich nicht finden konnte, weil es mir fremd war, in keiner Beziehung zu mir stand. Ich suchte den Weg nach Grzeboszowice so, wie ich jeden Weg zu einem beliebigen Ziel gesucht hätte, mit Ortsverzeichnis, Landkarte und einem Stift, mit dem ich mir die Abzweigungen notierte. Doch obwohl die Dörfer so klein und unbedeutend waren, erschienen sie mir auf der Karte besonders hervorgehoben, als stünden sie im Zentrum der Orte um sie herum. Ich reichte ihnen in Gedanken die Hand, als ob ich meinen Besuch ankündigen, „Hallo“ sagen wollte, „meine Großmutter stammt von hier“. So fremd mir alles auch war, meine Geschichte holte mich ein mit jedem Meter Fahrt.

Während die anderen wie selbstverständlich dem Ortsschild in Greboschowitz entgegensehen, durchfährt mich ein Kribbeln, das mir befiehlt, auf die Bremse zu treten, auszusteigen und ein Foto zu machen. Ein Foto vom Ortsschild des Geburtsdorfes meines Vaters. Ich bin angekommen in der Vergangenheit. An einem Anfang von vielen.

Wir parken das Auto am Wegrand und gehen die wenigen Meter ins Dorf zu Fuß. Während mein Vater halb zögernd, halb getrieben von Neugier ein Häuschen nach dem anderen mustert, blickt meine Großmutter kaum auf. Sie muss nichts suchen, sie weiß alles, geht mit langsamem, aber unbeirrbarem Schritt über den sandigen Weg. Dabei zählt sie uns, ohne aufzublicken, die Namen der Familien auf, die früher in den Häusern, an denen wir vorbeigehen, gewohnt haben. Fast alles deutsche Namen. Kaum polnische. Großmutter bleibt stehen. Ruft meinen Vater, der vorausgegangen war, zurück, zeigt auf ein Haus am linken Straßenrand, ziemlich verfallen, mit grünem Putz, der bröckelt. Und mein Vater weiß, dass er vorbeigegangen ist. Erinnert sich. Schweigen macht sich breit. Hier, sagt Großmutter zu mir, wurde dein Vater geboren. Und ich nicke, weiß nicht, was ich sagen soll, hantiere aus Verlegenheit an meinem Fotoapparat. Zwei Kinder auf Fahrrädern kommen uns entgegen, mustern uns eindringlich, wie Kinder eben, ohne jede Scham. „Guten

Tag, ich heiße Anja!“ ruft das eine Kind aus sicherer Entfernung. In deutscher Sprache. Sie haben uns sofort als Deutsche erkannt. „Ich bin Daria!“ ruft das andere, und laut lachend radeln beide davon. In diesem Ort gibt es nichts, was sich verbergen ließe. Ich überlege, was uns verraten haben könnte. Unser Auto. Unsere Kleidung. Drei Generationen auf einem Spaziergang durch ein kleines Dorf. Aus allen Fenstern blinzelt Unruhe, Vorhänge wackeln. Wir sind allein auf der Straße. Hier ist es also, denke ich, und ein sonderbares Gefühl umschleicht mich. Mir meinen Vater als Kind vorzustellen, fiel mir schon immer schwer. Jetzt liefert mir diese Reise die Kulisse, zeigt mir den Sandkasten, in den ich meine Vorstellung nur hineinzusetzen brauche. Aber es will mir nicht auf Anhieb gelingen. Zur Sicherheit mache ich ein Foto, für später. Mein Vater schwenkt bereits die Kamera, als ein großer Hund aus dem Haus mit dem grünen Putz in den Garten läuft und mit lautem, bösem Gebell zum Zaun stürzt. Ein Mann tritt aus dem Haus, droht uns mit wilden Gesten und einem Rechen, den er in die Luft stößt. Sein Geschrei scheint mir den ganzen Ort aufzuwecken. Der ostpolnische Dialekt ist schon hörbar, bevor ich ein Wort verstehe. „Weg da, weg da!“, schreit er, und „pozwolenie“ und „policja“ – *Erlaubnis* und *Polizei*. Er möchte wissen, ob wir eine Erlaubnis hätten, sein Haus zu fotografieren, falls nein, sollten wir verschwinden oder er würde die Polizei rufen. In seinen Augen blitzt der Hass. Oder die Angst. Da gibt es keinen Unterschied. Fast hätte er meinem Vater über den Zaun die Kamera entrissen. Ich verfolge die Szene schweigend. Braucht man denn eine Erlaubnis, um die Erinnerung fotografieren zu dürfen?

Mein Vater fasst sich als erster, versucht den Herrn zu beruhigen, ihm zu erklären, dass er in dem Haus geboren wurde und wir nur ein paar Erinnerungsfotos schießen möchten. Aber der Mann ist außer sich, lässt sich nicht beruhigen, fuchtelt mit seinem Rechen, als ob er uns mit ihm vertreiben wollte. Meine Großmutter ist schon weitergegangen, wir folgen ihr, lassen den Herrn stehen. Alleine mit seinem Zorn, seinem Hass, seiner Angst. Und seinem Rechen, der mich in diesem Moment an das Schwert Gabriels erinnert. Ich habe oft gelesen, dass gerade die Ostpolen, die nach dem Krieg hier angesiedelt wurden, besonders ängstlich auf jene deutschen Heimweh-Touristen blicken, die ihre alte Heimat besuchen. Schlagzeilen wie „Die Deutschen kaufen Polen auf" oder „Oberschlesien ist unser" haben sie verunsichert. Viele sind hier nie heimisch geworden, betrachteten die ehemals deutschen Häuser von Anfang an als Provisorium, hofften ihr Leben lang auf Rückkehr in die ostpolnische Heimat, so, wie auch die vertriebenen Deutschen lange Zeit von der Rückkehr nach Oberschlesien träumten. Daraus ist nichts geworden, für beide. Heute fürchten viele Ostpolen um das Wenige, das sie jetzt haben, auch weil sie wissen, woher es kommt. Zur Not verteidigen sie es eben mit dem Rechen. Während ich den Hund noch bellen höre und wir längst weitergegangen sind, empfinde ich Mitleid mit diesem unsympathischen Bauern. Und mit meinem Vater, der sich die Begegnung mit seinem Geburtshaus sicher anders vorgestellt hatte, doch kein böses Wort über den Mann verlor. Ich bewundere seine Gelassenheit, seine Distanz zu dem Vorfall. Und sein Verständnis für den ‚Recher'.

Die Begegnung mit dem unfreundlichen Ost-Polen in Greboschowitz lässt in mir Unbehagen zurück. Mir wird bewusst, dass die Reise in die Vergangenheit des einen gleichzeitig ein Eindringen in die Gegenwart eines anderen ist. Ein Eindringen, das als Hausfriedensbruch verstanden wird, auch wenn das Haus nicht betreten wird. Bisher hatte ich viel davon in Büchern gelesen. Jetzt habe ich es erlebt.

Während mein Vater und ich wenige Minuten nach dem Vorfall heimlich zu dem Haus zurückkehren, um doch noch ein paar Fotos zu machen, ist Großmutter ein wenig abseits gelaufen, spaziert in Gedanken versunken durch das Dorf. Als wir sie einholen, traue ich meinen Ohren kaum, denn sie unterhält sich mit den beiden Kindern, die vorher an uns mit ihren Fahrrädern vorbeigefahren waren, in polnischer Sprache. In Deutschland hatte Großmutter mir erzählt, dass sie trotz des Verbots, nach dem Krieg in Oberschlesien die deutsche Sprache zu benutzen, nie Polnisch gelernt habe. Weil sie es nicht brauchte, wie sie sagte, und sie fügte damals stolz hinzu, sogar drei Tage im Gefängnis verbracht zu haben, als man sie einmal beim Deutschsprechen erwischte und sie sich die Bezahlung des Strafmandats nicht leisten konnte. Mein Vater hatte schon früh die polnische Sprache gelernt, schließlich ging er auf eine polnische Grundschule. Meine Tante dagegen hatte Schwierigkeiten mit dem Erlernen der neuen Sprache, musste häufig Strafaufgaben machen, zum Beispiel 50 Mal den Satz schreiben: *Kto ty jesteś? Polak mały! – Wer bist du? Ein kleiner Pole!* Die ersten zwei polnischen Wörter, die beide unmittelbar nach dem Krieg lernten, waren *matka* und *umarła – Mutter* und *sie ist gestorben*. Wenn sie auf der Straße von fremden Soldaten angesprochen wurden und das Wort *matka* vorkam, sollten sie immer mit *umarła* antworten.

Während ich in Oppeln arbeitete, hatte ich Berge von Akten ausgewertet und Dokumente gesammelt, die aufzeigten, mit welchen Methoden die polnische Sprache im Krieg und die deutsche Sprache nach dem Krieg in Oberschlesien verfolgt worden waren. Speziell eingerichtete Kommissionen hatten in den unmittelbaren Nachkriegsjahren selbst Wohnhäuser auf Reste deutscher Inschriften auf Aschenbechern, Salzfässchen oder Fußabstreifern überprüft. Auch die Strafzettel, von denen meine Großmutter mir erzählte, hatte ich im Original gefunden. Bei meinen Spaziergängen durch oberschlesische Friedhöfe stieß ich immer wieder auf ausgemeißelte deutsche Vor- und Nachnamen, oder ausgemeißelte Inschriften wie *Möge er ruhen in Frieden* oder *Hier ruht in Gott*. Meine Eltern waren von den Diskriminierungsmaßnahmen der deutschen Sprache unmittelbar betroffen gewesen. So steht in den alten Schulzeugnissen meines Vaters niemals der Vorname Heinz, sondern immer Henryk. Meine Mutter, die nach dem Krieg in Oppeln zur Schule ging, hieß in den Schuldokumenten „Ingryda". Die Antwort auf die Frage, wie es meine Großmutter unter diesen Bedingungen bis zu ihrer Aussiedlung 1957 umgehen konnte, die polnische Sprache zu erlernen, blieb mir schleierhaft. Ich vermutete, dass die Kontrollen auf dem Land damals vielleicht schwächer waren oder meine Großmutter in den ersten Jahren nach dem Krieg die meiste Zeit im Haus geblieben war. Heute löste sich das Rätsel.

Im Auto frage ich meine Großmutter nach der Herkunft ihrer Polnisch-Kenntnisse. Sie winkt ab. Sie könne eigentlich gar kein Polnisch. Zumindest kein richtiges. Habe sie nie gekonnt. Ich frage nichts mehr, will nicht weiterbohren. Die Vergangenheit erscheint mir wie ein facettenreicher Edelstein, dessen Glitzern immer davon abhängt, wie das Licht einstrahlt. Ich verstehe meine Großmutter, deren Sicht auf die Dinge sich verändert hat. Deren Erinnerung zunehmend selektiert, die nicht mehr wahrhaben will und muss, wie damals vieles wirklich war. Ich begreife, dass die Erinnerung nichts Dienendes, Nützliches, Instrumentalisierbares ist für andere, sondern Besitz der eigenen Biografie, damit formbar, veränderbar nach eigenem Willen und Recht. Wenn es dem Überwinden hilft, sogar beliebig.

Großmutter meint, Greboschowitz sei größer geworden. Mir dagegen fällt es schwer, mir den Ort noch kleiner vorzustellen. Die Kinder haben erzählt, dass das nächste Geschäft zwei Kilometer entfernt sei und sie auch in die Schule einige Kilometer täglich mit dem Fahrrad fahren müssten. Aber sie sagten es nicht klagend, sondern irgendwie stolz, als wären sie dadurch Erwachsene.

Wir fahren weiter nach Groß Strehlitz, wo mein Vater das Gymnasium besuchte. Auch er ging damals die Strecke von Leschnitz, wohin die Familie 1940 gezogen war, zur Schule häufig zu Fuß oder fuhr sie mit dem Fahrrad. Dabei erscheint mir der Weg schon mit dem Auto ziemlich lang, was am dichten Berufsverkehr liegen mag. Direkt vor dem Schulgebäude befindet sich ein riesiger Fußballplatz. Jener also, auf dem mein Vater so gut Fußballspielen gelernt hatte, was wir als Kinder an ihm so bewunderten. Wer mit Vater zusammenspielen durfte, gewann immer. Nun liegt der Platz vor uns, eingesäumt von hohen Kastanienbäumen, auf dem Spielfeld wächst kaum noch Rasen, die Tore stehen ohne Netze. Drei Kinder schießen mit einem Ball auf einen viel zu kleinen Torwart. Es ist Sonntag. Die Schule abgeschlossen. Vor vierzig Jahren haben hier Schulwettkämpfe stattgefunden, erzählt mein Vater, der nach zwei Jahren deutscher und sechs Jahren polnischer Grundschule mit 15 auf das polnische Gymnasium kam. Mit seinem guten Schulabschluss hätte er sich die Hochschule für sein Studium eigentlich aussuchen können, doch die renommierten Universitäten schickten ihm nur Absagen. Als Oberschlesier, dessen Vater im Westen lebte, galt er als verdächtig, nicht zuverlässig. Weil er sich für die polnische Sprache und Literatur begeisterte, schrieb er sich also als erster oberschlesischer Polonistik-Student an der Pädagogischen Hochschule in Oppeln ein. 1995 wurde die Hochschule in eine Universität umgewandelt, und im gleichen Jahr trat ich dort eine Stelle als Dozent für deutsche Sprache und Literatur an. Wieder schloss sich ein Kreis.

Zufällig kommt aus einer Nebentür der Hausmeister der Schule, der uns zu meiner großen Überraschung überschwänglich begrüßt. Er hatte meinen Vater vor wenigen Jahren bei einem Klassentreffen kennen gelernt und ist sofort bereit, uns durch das Gebäude zu führen. An einer Wand im ersten Stock hängen Abschlussfotos aller Jahrgänge auf großen Tafeln, auch meinen Vater erkenne ich dort, Jahrgang 1955. Im zweiten Stock stehen wir vor der Tür zu einem Zimmer, in dem mein Vater häufig gearbeitet hatte. Aufsperren kann es uns der Hausmeister leider nicht, denn darin befindet sich noch immer ein Waffenlager für die einst obligatorische militärische Ausbildung der Schüler. In der Schulbibliothek entdecken wir viele alte Bücher aus den 50er-Jahren, von denen mein Vater das eine oder andere aus dem Regal nimmt, alte Zeiten auf alt gewordenen Seiten durchblättert. Für einen Moment treffen sich Vergangenheit und Gegenwart, stehen sich gegenüber, ich überlege, was sie sich zu sagen haben, frage aber nicht.

Von Groß Strehlitz aus geht die Reise weiter Richtung Nord-Westen, in den kleinen Ort Boritsch. Unterwegs offenbaren sich uns überall die markanten Eigenheiten der oberschlesischen Landschaft. Weite Felder bis zum Horizont, auf der Straße immer wieder Landwirtschaftsfahrzeuge, manchmal auch Pferdewagen. An fast allen Hauswänden blitzen im Sonnenlicht Satellitenschüsseln auf, schlesische Ohren, wie ich sie nenne, die in den Himmel horchen zum Empfang deutschen Fernsehens. Ich habe mich während meiner Reisen durch Polen immer wieder gefragt, woran es liegt, dass ich sofort spüre, wenn ich die Grenze nach Oberschlesien überschreite. Die Satellitenschüsseln sind ein Teil der Antwort. Ein anderer der auffällig weiße Putz der Häuser mit ihren typischen Vorbauten an der Eingangsseite, oder die Zunahme deutscher Autoschilder auf den Straßen und Parkplätzen. Oberschlesien erscheint mir als eine jener Mischfarben, die ich als Schüler immer auf dem Deckel des Malkastens angerührt habe. Vielleicht eine Mischung aus Weiß, Rot, Schwarz und Gold mit einem Schuss Deckweiß als eigenem Element. Komme ich aus Deutschland, fällt mir in Oberschlesien das Polnische auf, komme ich aus anderen Teilen Polens, sticht mir vor allem das Deutsche ins Auge. Manch einen Deutschen macht diese Mischung aus Altem und Modernem, aus Natürlichkeit und Sterilität, Tradition und Fortschritt nervös, irritiert das an scharfen Konturen geschulte Empfinden. Ich habe mich schon daran gewöhnt, nehme Oberschlesien als eigene Landschaft wahr, habe das Ergebnis der Mischung als eigene Farbe akzeptiert.

Ankunft in Boritsch. Wir parken das Auto in der Nähe einer kleinen Kapelle, die an einer Kreuzung steht. Großmutter erzählt, dass diese Kapelle vor dem Krieg von ihrer Mutter gestiftet worden sei. Unwillkürlich betaste ich zärtlich den Putz, betrachte ihr Inneres keineswegs mit dem Blick eines Touristen, sondern suche darin ein Stück meiner zweiten Urgroßmutter. Wieder schieße ich ein Foto für das Puzzle. Ein weiterer Stein im Mosaik. Dann klingeln wir an jenem Haus, in dem Großmutter aufgewachsen ist. Ein bedrohlich tiefes Bellen gellt aus einer Ecke, aber diesmal ist der Schäferhund angeleint und kein Rechen in der Nähe. Eine Frau tritt aus dem Haus, fragt etwas, doch wir schweigen erst mal, wollen unsere Geschichte nicht übers Gartentor zum Hauseingang brüllen. Sie kommt uns entgegen – und lächelt, als mein Vater ihr in kurzen Worten unseren Wunsch, das Haus zu besichtigen, vorträgt und dabei den Namen meiner Großmutter erwähnt. Sie öffnet uns das Tor, bittet uns an den kleinen Tisch im Garten, und noch bevor wir unsere Geschichte überhaupt erzählen können, haben ihr Mann und die Tochter Kuchen und Kaffee serviert. Schnell ist der Empfang von heute Morgen vergessen. Das Gespräch zwischen meiner Großmutter und der Frau findet den direkten Weg in die Jahre vor dem Krieg, als der Großvater der Frau dem Vater meiner Großmutter das Haus abgekauft hat. Die Namen überschlagen sich, blitzschnell haben beide Frauen ein Gerüst der damaligen Zeit aufgebaut, auf dem sie sicher und mit zunehmender Sentimentalität ihre Geschichten auffädeln. Mir hat es die Sprache verschlagen. Wieder stehe ich in einem völlig fremden Dorf, klingle an einer fremden Haustür, begegne einem fremden Menschen und plötzlich – nur durch Sprache – fügt sich alles zu einem Teil Familiengeschichte. Ich habe das Gefühl, in einem Film mitzuspielen, der keinen Titel und keinen Regisseur hat, in dem es keine Kameraleute und keine Maskenbildner gibt, nur Darsteller und Kulisse. Die Frau lädt uns ein zu einem Spaziergang hinter das Haus, zu jenem Platz, wo einst die Mühle stand, die abgerissen wurde, und wo sich noch der große Teich befindet, in dem meine Großmutter als junges Mädchen badete. Ich fasse Großmutter unter den Arm, führe sie durch das hohe Gras und höre, wie mein Vater uns fotografiert. Uns folgt eine kleine Schar ziemlich großer, schnatternder Gänse, die mir ein wenig Angst machen. Kurz vor dem Teich kehren sie um, während ich mit Großmutter den kleinen Holzsteg betrete und den Blick schweifen lasse. Mein Vater und die Frau sind zurückgeblieben, ich höre ihre Stimmen leise im Hintergrund. Alles verschwimmt zu einer sonderbaren Einheit: der Teich, das Haus, die Holzreste der Mühle, die Gänse, der Blick meiner Großmutter. Ich verliere mich darin, gebe es auf, den Weg der Zeit in einer Linie zurückzugehen, um meine Großmutter als Mädchen in den Teich springen zu sehen. Finde mich erst im Auto wieder, auf dem Weg nach Leschnitz, als meine Konzentration auf die Straße meine Gedanken freilegt vom Nebel der Sentimentalität, die mich auf dem Steg ergriffen hatte.

An Leschnitz erinnere ich mich noch gut. Nicht nur wegen unserer Familienreise in den 80er-Jahren, während der wir hier so oft bei Freunden unserer Eltern eingeladen waren, sondern auch wegen der Spaziergänge auf den Annaberg, zu dem es mich während meiner Tätigkeit an der Universität Oppeln häufig hingezogen hatte. Von Leschnitz wusste ich, dass mein Vater seit 1940 bis zu seiner Aussiedlung 1957 dort gelebt und damit einen Großteil seiner Jugend verbracht hatte. Bis heute ist dieser Ort das wichtigste Verbindungsglied für mich zu meiner Familiengeschichte. Sicher auch, weil sich Leschnitz nicht in jenem abstrakten, weil fremden Raum bewegt wie Boritsch oder Greboschowitz. Hier kenne ich die Häuser und zum Teil auch die Bewohner, die uns schon damals als Kinder so aufgenommen hatten, als wären wir alte Bekannte. Wenn ich heute mit meinem Vater, meiner Tante und meiner Großmutter in den Ort fahre, dann vor allem mit dem Wunsch, noch mehr Einzelheiten zu erfahren und Geschichten aus dem Alltag von damals erzählt zu bekommen. Wo hat die Familie früher genau gewohnt, wo hat meine Großmutter gearbeitet, wann ist sie von dort weggegangen?

Wir parken das Auto im Hof jener Familie, die wir schon in den 80er-Jahren besucht und mit deren Tochter mein Bruder und ich damals den Tanz einstudiert hatten. Das Wiedersehen ist herzlich, das Essen üppig. Nach dem Essen folgt die Spazierfahrt durch den Ort, der von 1936-1945 Bergstadt hieß, weil die Nationalsozialisten keine polnisch klingenden Namen duldeten. Meine Tante nennt ihn bis heute Bergstadt, weil sie diesen Namen mit ihrer Kindheit verbindet. Großmutter erzählt mir, dass sie nach dem Krieg hier in zwölf Wohnungen gewohnt habe, weil sie immer wieder von polnischen Familien ausquartiert worden sei. Wir fahren zu der ersten. Als hätte sie immer hier gelebt, findet Großmutter jedes Haus, jede Wohnung wieder. Klingeln möchte sie nirgends, denn die häufigen Ortswechsel haben ihre persönliche Bindung zu den Wohnungen verhindert. Ihre Erinnerungen sind geprägt vom Befehlston der Russen und Polen, die ihre

Familie damals von einem Ort zum nächsten hetzten, um Wohnungen für sich oder eigene Leute zu requirieren. Ohne die Hilfe von Freunden, die ihre Familie aufnahmen, hätte meine Großmutter mit ihren Kindern kaum in Leschnitz bleiben können. Ein Stopp reiht sich an den anderen. Mal näher im Ort, mal außerhalb, mal zeigt sie uns eine Wohnung, mal ein Haus, oder nur ein Fenster zu einem Zimmer. Während mein Vater Schwierigkeiten hat, die alten Wohnungen wiederzuerkennen, zählt uns meine Großmutter wieder die Namen all jener Leute auf, die einst hier gewohnt haben. Erzählt von Freunden und Feinden, von tragischen und glücklichen Schicksalen. Manchmal beschreibt sie uns die Bäume und Sträucher, die nun anders aussähen oder nicht mehr existierten. Sie kennt noch die Straßennamen von einst, zeigt uns die Plätze von Häusern, die nicht mehr stehen, und ich frage mich bei all den Details, ob der schmerzliche Verlust von Heimat zum Meißel wird für das Gedächtnis. Vor lauter Staunen über die Ausführungen meiner Großmutter merke ich mir kaum etwas. Spüre nur, wie der Ort mehr und mehr für sie zum Zuhause wird, sie aufnimmt nach so vielen Jahren, wohl wissend, dass sie nicht bleibt.

Spät am Abend mache ich mich selber noch einmal auf. Spaziere durch den menschenleeren Ort, lasse die letzten Tage nochmal vorüberziehen. Gehe über den Marktplatz, vorbei an der Kirche zum Fußballplatz. Frage mich unterwegs, ob der Ort mich trägt, auch ohne Vater, Tante und Großmutter. Ob die Vergangenheit mir nur gegenübersteht, oder ob sie durch mich hindurchgeht, mich aufnimmt, auch wenn sie schon so lange zurückliegt. Aber die Antwort stellt sich nicht ein in Form eines Ja oder Nein. Die Antwort offenbart sich mir irgendwie dazwischen. Gibt mir zu verstehen, wer ich bin. Lügt mich nicht an, zwingt mir keine Heimat auf, die nicht meine ist. Spricht sie mir aber auch nicht ab. Und das beruhigt mich. Ich fühle mich wohl zwischen den Zeiten, zwischen den Stühlen. Jetzt, wo ich beide Seiten kenne. Auf dem Fußballplatz liegt ein Plastikball in der Dämmerung. Knallrot. Die Kinder sind längst alle zu Hause. Ich schieße den Ball auf das Tor. Treffe den Pfosten. Und freue mich irgendwie darüber.

Deutschland

Ein Gespenst geht um in Polen
in den Cafés, den Straßenbahnen
über Schreibtische durch Telefone

In der Gestalt eines Ungeheuers
eines Ritters
einer Fee

Die Flecken auf seinem Mantel sind verblasst
es gibt keine Garderobe für die Erinnerung
kein Waschmittel für die Geschichte

Wandelt von Mund zu Mund
durch ängstliches Flüstern
und begeisterte Reden

Beginnt Gestalt anzunehmen
argwöhnisch betrachtet
vom Blick zurück

Im Schulheft des Nachbarn

Alles schien mir so klar
beschreibbar
aus sicherer Entfernung

Der Name des Landes
die Farben im Wappen
die Geschichte im Raster:

1. September 1939
Kommunismus
Solidarność

Die Menschen glauben an Gott
singen mit der Hand auf dem Herzen
„Noch ist Polen nicht verloren“

Alles passte in ein Schulheft
war so leicht zu erlernen
abzuhaken mit gutem Gewissen

Bis die Tür aufging
wir uns gegenüberstanden
im Heft des anderen lasen

Finis Poloniae

Ich habe alle Aufgaben gelöst
wie es sich gehört
mich dem Himmel angepasst
und den Stern bekommen
nach dem ich griff
ich halte ihn fest
in der Hand
aus der Blut fließt
weiß-rot

Der Stereo-Typ

Ein widerstandsfähiger Dinosaurier
mit schlagkräftigen Pfoten
und langem Schwanz

vielseitig einsetzbar
überaus beliebt
und einfach zu halten

von der Neuzeit gepflegt
als Grundnahrungsmittel
für die Alltagsgespräche

Bedenkenloser

Polish Dreams

In Polen
gehen die Träume
an der Leine

So können sie nicht fortfliegen
wie in Amerika
und sich in Luft auflösen

Stadt Bilder

Swinemünde

Dort, wo die Swine mündet
brandet das Meer
unkontrolliert über die Grenze

Die Möwen passieren
den roten Strich auf der Karte
als wären sie blind

Und der Wind
weht sprachlos seine Wolken
über ihn hinweg

Deutsche und Polen fließen an Land
von einem Markt zum anderen
einen sich in der Farbe der Plastiktüten

Man versteht sich im Kaufrausch
erklärt sich zum Nachbarn
im Urlaub

Dort, wo die Swine mündet
ist die Grenze alt geworden
zu schwach zum Trennen

Sie wahrt noch die Form
lässt sich die Pässe zeigen
wartet geduldig, bis sie fällt

Die Polen mögen Warschau nicht besonders, ausgenommen natürlich die Warschauer. So ergeht es fast allen Hauptstädten in Europa. Madrid in Spanien, Moskau in Russland, Rom in Italien. Die Polen lieben Krakau oder Danzig, Thorn oder Breslau. In diesen Städten herrscht Atmosphäre, sagen sie, und lächeln dabei irgendwie italienisch. Wenn ich aber erwidere, dass mir Warschau von den polnischen Städten am besten gefällt, blicken sie mich ungläubig an. Warschau? Was kann denn dort gefallen? fragen sie nach, und die Antwort geht mir nur zögerlich von den Lippen.

Den Polen erscheint Warschau als eine künstliche Stadt, ohne echten historischen Kern, ohne Seele, ein Produkt einst entstanden in den Köpfen ehrgeiziger Kommunisten, die es dem Westen nach dem Krieg zeigen wollten, sagen wollten: Und wir bauen es doch wieder auf! Der Wiederaufbau wurde mit Hilfe von Spenden aus dem ganzen Land finanziert, eine gemeinsame Anstrengung für ein gemeinsames Vaterland aller proklamiert, um der Hauptstadt wieder ein Gesicht zu geben. Geflickt, geklebt, transplantiert. Außer den Warschauern will sich kaum jemand so recht mit diesem frankensteinschen Geschöpf identifizieren. Ein guter Platz für Politik, meinen sie, und fahren nach Krakau, ihrer gar nicht so heimlichen Hauptstadt.

Bei dem polnischen Schriftsteller Andrzej Szczypiorski fand ich einmal folgende Anekdote: „Einer aus Moskau, der nach Paris will, und einer aus Paris auf dem Weg nach Moskau kommen nach sehr langer Fahrt morgens in Warschau an, und beide glauben, sie wären am Ziel..." Mir gefällt diese Charakterisierung der Stadt, ihre Beschreibung als Mitte. Zwischen Ost und West. Alt und Neu. Zwar finde ich in Warschau keine so attraktiven Sehenswürdigkeiten wie in Krakau den Wawel oder in Danzig den Artushof, auch der die Stadt überragende Kulturpalast besitzt nur Bruchteile der Anziehungskraft eines Pariser Eiffelturms. Ein Reiseführer über Warschau mag sich schwer tun mit der Vergabe von Sternchen, mit der Begründung, warum die Stadt in eine Polenreise aufgenommen werden muss. Doch vielleicht liegt die Nebenrolle der Stadt auf den Reiseplänen von Veranstaltern daran, dass das Wort ‚gefallen' an der Visualität gemessen wird, die Attraktivität einer Stadt von der Möglichkeit abhängig gemacht wird, in ihr gute Fotos schießen zu können. Warschau eignet sich aber nicht als Motiv, die Stadt posiert nicht vor den Linsen der Fotoapparate, drängt sich nicht auf Postkarten. Sie zeigt sich dem Fremden als Fassade, die keineswegs fasziniert, im Gegenteil, sogar abschreckt. Trotzdem spricht mich Warschau an, gefällt mir die Stadt, vielleicht gerade deswegen, weil sie mehr erzählt als scheint.

Gemütlich durch Warschau zu spazieren ist für mich unmöglich, denn überall in der Stadt offenbart sich mir die traurige Geschichte von selbst. Unaufhörlich, penetrant, mahnend, sie verhindert die uneingeschränkte Hingabe an Auslagen in Schaufenstern, den unbefangenen Genuss von Kaffee und Kuchen in einem der zahllosen Cafés und Bars oder den ungetrübten Blick auf die Architektur. Die Unmöglichkeit, sich dem Zuhören zu verweigern, zieht mich in den Bannkreis der Stadt, vor allem dann, wenn ich jene Straße, die den Namen *Neue Welt* trägt und die geradewegs in die Altstadt führt, entlanggehe. Warschau ist eine Stadt der Gegensätze, zwischen Arm und Reich, echt und künstlich, schön und hässlich. Jaguars und kleine Fiats kreuzen sich im Stadtbild, riesige moderne Bürokomplexe stehen neben alten Wohnhäusern, von denen der Putz abblättert. Ich reihe mich ein in die Menschenschlangen, die sich am späten Nachmittag auf den Gehsteigen bilden, lasse mich die Straße hinuntertreiben Richtung Schlossplatz, vorbei an den Schmuckauslagen exquisiter Boutiquen, vorbei an den Bettlern daneben. Es fällt mir schwer, in Polen an Bettlern vorüberzugehen, ohne ihnen eine Münze in den Becher zu werfen. Häufig knien sie aufrecht, manchmal auf einem Holzscheit, und haben die Hände gefaltet. Stundenlang. Auf einem Schild erzählen oder erfinden sie ihr Schicksal und bitten um Hilfe. Manchmal halten sie einen Becher von McDonalds in ihren Händen, in dem sie das Geld sammeln. Ein Konflikt im Detail, ein unscheinbarer Widerspruch im polnischen Alltag. Aber er fügt sich nahtlos ein in die durch den politischen Umbruch gespaltene Seele der polnischen Identität. Den einen gereicht der neue Handel zu neuem Wohlstand, zu Anzügen und Krawatten, Handys und schnellen Autos, die anderen bitten auf der Straße um milde Gaben. Der Anblick eines solchen Bettlers erschreckt mich jedes Mal von neuem. Manchmal suche ich Ausflüchte, versuche mir einzureden, dass diese Pose nur mein Mitleid wecken, mich über den Weg des Glaubens zum Spenden verführen will. Dann überlege ich, welche physische Anstrengung es bedeuten muss, so lange in dieser knienden Stellung zu verharren, die mir als Kind schon bei den wenigen Momenten des sonntäglichen Gottesdienstes anstrengend erschien – und werfe ein paar Groschen in den Becher.

Mein Weg durch Warschau führt vorbei am Denkmal des Nikolaus Kopernikus und an der Heilig-Kreuz-Kirche, in der das Herz Chopins seine letzte Ruhestätte gefunden hat. *Denn wo dein Schatz ist, ist auch dein Herz (Mat.VI,21)*, steht in polnischer Sprache auf der grauen Marmorplatte geschrieben, auf die eine Büste des Komponisten mit hervorstehender Haartolle herunterblickt. Es gibt nicht viele Deutsche, die sein Herz hier vermuten, kaum jemanden, der seinen Geburtsort Żelazowa Wola in der Nähe von Warschau kennt. *Dem Landsmann*, heißt es weiter auf der ihm gewidmeten Grabplatte. Und so ist es auch gemeint.

Nicht nur einmal stoße ich in Warschau auf die Spuren bekannter Persönlichkeiten, die hier aufgewachsen sind. In der Nähe des Marktplatzes finde ich eine Gedenktafel, die auf das Geburtshaus von Marie Skłodowska hinweist, die als Marie Curie einst Nobelpreise für Physik und Chemie erhielt. Auch der Verfasser des berühmten Romans *Quo vadis*, Henryk Sienkiewicz, ging in der polnischen Hauptstadt zur Schule und schloss hier sein Studium ab, bevor er 1905 den Literaturnobelpreis erhielt. In Deutschland steht der Roman im Schatten der Hollywoodverfilmung. Der Verfasser der polnischen Vorlage verschwindet hinter den Namen der Schauspieler. In der Freta-Straße weist eine kleine Tafel auf das ehemalige Wohnhaus von E.T.A. Hoffmann hin, der zunächst in Posen gearbeitet hatte, bevor er nach einem kurzen Zwangsaufenthalt in Płock schließlich in der damals preußischen Stadt Warschau seinen Amtspflichten nachkam. In einem Brief aus Warschau an seinen Freund Gottlieb von Hippel finde ich die Beschreibung seiner Wohnstraße im Jahr 1804: „Gestern am Himmelfahrtstage wollte ich mir etwas zu Gute tun, warf die Akten weg und setzte mich ans Clavier, um eine Sonate zu komponieren, wurde aber bald in die Lage von Hogarths *Musicien enragé* versetzt! – Dicht unter meinem Fenster entstanden zwischen drei Mehlweibern, zwei Karrenschiebern und einem Schifferknechte einige Differenzien, alle Parteien plaidierten mit vieler Heftigkeit an das Tribunal des Höckers, der im Gewölbe unten seine Ware feilbietet. – Während der Zeit wurden die Glocken der Pfarrkirche – der Bennonen – der Dominikaner (alles in meiner Nähe) gezogen – auf dem Kirchhofe der Dominikaner (gerade über mir) prügelten die hoffnungsvollen Katechumenen zwei alte Pauken, wozu vom mächtigen Instinkt getrieben die Hunde der ganzen Nachbarschaft bellten und heulten – in dem Augenblick kam auch der Kunstreiter Wambach mit Janitscharen-Musik ganz lustig dahergezogen – ihm entgegen aus der neuen Straße eine Herde Schweine. – Große Friction in der Mitte der Straße – sieben

Schweine werden übergeritten! Großes Gequieke. – O! – O! – ein Tutti zur Qual der Verdammten ersonnen! – Hier warf ich Feder, Papier bei Seite, zog Stiefeln an und lief aus dem tollen Gewirr heraus durch die Krakauer Vorstadt – durch die neue Welt. – Bergab!“

Für einen Moment sehe ich das Bild vor mir, den aus dem Haus stürzenden Komponisten, die Schweine, die Hunde, höre ich den Lärm der Pauken. Dann fließen die Zeiten ineinander, drängen sich Touristen in die Szene, überfluten die Straße, und E.T.A. Hoffmann verschwindet im Gewühl.

Wenn ich aus den engen, nach dem Krieg wieder aufgebauten altstädtischen Gassen auf den Warschauer Marktplatz hinaustrete, wenn ich die Blicke der in Reih und Glied um das Quadrat herumstehenden Bürgerhäuser auf mir spüre, überkommt mich ein beklemmendes und irritierendes Gefühl. Ein altes Schwarz-Weiß-Bild aus einem polnischen Geschichtsbuch, das ich vor Jahren einmal in die Hände bekam, verbaut mir die Sicht auf die Tische und Stühle der zahllosen Cafés, in denen sich heute Touristen um Plätze streiten. Japaner, Deutsche, Engländer und Amerikaner, alle ausgerüstet mit Fotokameras und Reiseführern. Niemand will sich die Gelegenheit entgehen lassen, sich auf diesem schönsten Flecken der Stadt eine Weile zu erholen, bei einer Tasse Kaffee die Atmosphäre zu genießen. Das Foto von damals geht mir nicht aus dem Kopf. Während ich es mir ins Gedächtnis zurückrufe, bittet mich ein Deutscher in gebrochenem Englisch, ein Foto von ihm und seiner Frau zu machen. „No problem“, antworte ich und drücke auf den Auslöser. Klick. Der Film spult sich weiter, meine Gedanken drängen zurück. Zurück zu jenem Bild, das am Ende des Zweiten Weltkriegs gemacht worden war, vielleicht von der gleichen Stelle aus, von der ich gerade das deutsche Ehepaar fotografiert habe. Das Bild zeigte eine einzige graue Schuttwüste, eine endlose Geröllandschaft, nur andeutungsweise erkennbar ist das Quadrat jener Häuserstümpfe, die nach dem Krieg wieder aufgebaut wurden und nun frisch renoviert so farbig fröhlich auf die Touristen blicken. Als wären sie beim Zahnarzt gewesen, überkront, ersetzt, poliert, strahlen sie mit einem falschen, weil künstlichen Lächeln auf das Treiben hinunter. Warschau dem Erdboden gleichmachen, hatte Himmler gesagt und auch gemeint. Im deutschen Geschichtsunterricht hielt ich das für eine Phrase, eine Übertreibung. Das Foto hat mich Jahre später eines Besseren belehrt, und ich begann jenen Satz zu verstehen, den ich in einem Reiseführer gelesen hatte: „Das Einzigartige dieser Stadt besteht in der Tatsache, dass es sie gibt“. Die Existenz einer Stadt ist zu selbstverständlich, als dass man dafür Sternchen vergeben könnte. Sie wird vorausgesetzt.

„Isn’t it beautiful?“, höre ich eine amerikanische – eindeutig amerikanische – Frauenstimme neben mir sagen, und ein Mann pflichtet ihr bei. „Great!“ Sehr schön. Ob sie jenes Foto kennen? Ich zwinge mich, das Schwarz-Weiß-Bild beiseite zu legen, zu verdrängen, wenigstens für einen Moment, und greife selber zum Fotoapparat. Klick. Die Perspektive hat sich verändert.

Ein paar Seitenstraßen vom Marktplatz entfernt verblassen die Farben der Häuser, verschwinden die bunten T-Shirts der Touristen. Hier, wo keine Kutschen Spazierfahrten anbieten, jenseits der wiederaufgebauten Fassade, zeigt Warschau ein anderes Gesicht. Kein hässliches, kein böses, nur ein ungeschminktes, müdes, ausgezehrt von den täglichen Entbehrungen, zu schwach, sich zu regenerieren. Es gleicht dem faltigen Gesicht einer alten Frau, die viel erlebt hat und die vieles zu erzählen hätte, die aber niemand danach fragt. Hier, jenseits der Bühne, auf der es gilt, so gut es eben geht in Fotoapparate zu lächeln, lebt die Stadt ruhiger, unspektakulärer, langweilig im Sinne des Voyeurs. Natürlich finde ich diese Seiten einer Stadt auch in Paris oder London, in

New York oder Berlin. Aber in diesen Städten klingen die Fassaden behutsamer aus, die Touristen merken den Übergang gar nicht oder selten. In Warschau dagegen stehen die zwei Seiten nebeneinander, übergangslos, ohne Grenzland. Es bedarf eines mutigen Schrittes, eines bewussten Blickes, und die Narben der Operation stechen ins Auge. Die Bürgersteige eignen sich nicht mehr für Menschenschlangen, schmiegen sich schmal, uneben und rissig wie alte Vorleger an die Häuserreihe. An Stelle der Designerboutiquen in der *Neuen Welt* reiht sich nun ein Tante-Emma-Laden an den nächsten. In die kleinen Verkaufsräume verläuft sich kaum ein Kunde, wenn doch, kennt man sich, unterhält sich über die neusten Meldungen aus der Zeitung oder die Vorabend-Serie von gestern. Wieder draußen auf der Straße, setzen die Menschen vorsichtig ihre Schritte, achten darauf, wo sie hintreten. Es gibt keine Versicherung, die einspringt, wenn jemand stürzt oder in ein Loch fällt, in dem gerade Arbeiter Rohre verlegen. Kein Schild, keine Absperrung. Augen und Ohren tragen noch Verantwortung. Lassen sich nicht versichern.

Auf meinen Wegen durch Warschau ist die Vergangenheit mein ständiger Begleiter. Obwohl sie mir fremd ist, lässt sie mich nicht los, kann ich mich ihr nicht entziehen. An vielen Häusern und Gebäuden hängen rote oder graue Täfelchen, die mich anhalten, meine Aufmerksamkeit auf sich ziehen, mir eine Geschichte ins Ohr flüstern. Unauffällig, aber ernst. Sie erzählen von standrechtlichen Erschießungen, von Massenhinrichtungen oder Racheakten. Überall in Warschau nehme ich dieses Flüstern der Schilder wahr, überall sucht es Gehör. Auch am Grabmal des unbekannten Soldaten stoße ich auf ein solches Schild. Daneben stehen Wachmänner mit strengem Blick, die in festem Ritual stündlich eine Ablösung inszenieren. Es gibt kein Entrinnen aus dem Vergangenen, keinen Ausgang, keine Ruhebank. Ich blättere mich durch diese Stadt wie durch ein Buch Seite um Seite vorwärts, Straße um Straße, um sie kennen zu lernen, als Phänomen zu begreifen. Gelange zu jenem Viertel, in dem sich einst das jüdische Getto befand. Zunächst erinnert nichts mehr an den Aufstand von damals, ein Wohnblock reiht sich an den anderen. Nur in der Mitte einer Parkanlage, in der Kinder auf dem Rasen Fußball spielen, steht jenes Denkmal, an dem 1970 Willy Brandt niederkniete und auf seine Weise der Toten gedachte. „Ich hatte nichts geplant", schrieb er später in seinen Erinnerungen, aber auch er erlag wohl der Macht Warschaus, die Gegenwart in die Knie zu zwingen, ihr Respekt abzuverlangen vor ihren Wurzeln. Heute lehnen die Fahrräder der Kinder am Denkmal, und ihr Geschrei überlagert das Flüstern, das sich auch hier an mich wendet und seine Geschichte erzählt. Es begleitet mich vom Denkmal des Gettos ins Arbeiterviertel Żoliborz, in dem ich in der Stanisław-Kostka-Kirche das Grab des Priesters Jerzy Popiełuszko besuchen möchte, der im Oktober 1984 von der polnischen Staatssicherheit ermordet wurde. Ein Ort, an dem sich die Mentalität des Polen von der des Ausländers scheidet. An dem sich trotz aller politischen Annäherungsversuche die Traditionen stoßen, die gegenseitigen Blicke Züge beiderseitiger Verwunderung annehmen. Den meisten Ausländern erscheint die hingebungsvolle Verehrung dieses katholischen Solidarność-Priesters durch sein Volk wie ein Märchen. Hunderte von Kerzen und Bildern zieren das Grab, die meisten polnischen Gläubigen nähern sich ihm auf Knien, während die Touristen vergeblich versuchen, einen freien Blick auf das Grab für die Linse ihrer Kamera zu erhaschen. Nur ein Pole, der die Geschichte seines Landes in den vergangenen Jahrzehnten erlebt hat, weiß, wofür er kniet und für wen er die Kerze anzündet. Dem Deutschen fehlen diese Figuren in seiner Geschichte. Ihm fehlt das Verständnis für den Glaubenskult der Polen. Er fotografiert das Kuriosum, das er nicht versteht, zeigt später zu Hause vor, was er nicht begreift. Während die einen beten und die anderen fotografieren, verlasse ich die Grabstätte und beschließe den Tag mit einem Besuch des jüdischen Friedhofs, der sich gleich neben dem Powązki-Friedhof befindet, dem Warschauer *Père-Lachaise*. Der Friedhof eignet sich für den Rückzug vom Trubel auf den Straßen, vom Mechanismus des Verkehrs, von den Touristen, Bankern und Bettlern. Er ist kein gewöhnlicher Friedhof mit Grabsteinen, die schweigend Auskunft darüber geben, wer wann wo gestorben ist. Auf diesem Friedhof schwillt das Flüstern, das mich bisher durch die Stadt begleitet hat, zum unerträglichen Schrei. Die deutschen und hebräischen Inschriften der Grabsteine erinnern nicht, sie weinen, schreien, klagen an. Nichts an diesem Friedhof ähnelt den schön gestylten katholischen Friedhöfen. Hier gehe ich durch einen Urwald ohne Wege, wate durch ein Meer aus Steinen, die, so scheint es mir, ihre Arme und Beine um mich schlingen, mich festhalten wollen, nach unten ziehen. Was tust du hier? Was hast du hier verloren? Du! Ich kann diesen Gräbern nichts erklären, den Schreien und Anklagen der Familien, Frauen und Kinder, die sich unter den Steinen befinden, nichts entgegensetzen. Hier wurde gemordet. Standrechtlich erschossen. Begraben. Exhumiert. Wieder begraben. Wie überall in der Stadt. Hier wird nicht vergeben. Niemals. Hier herrscht Krieg. Noch immer. Und ich...

...bin endgültig wach. Schweißgebadet. Verlasse Warschau.

„Gefällt Ihnen Warschau?“ Die Frage lässt mir keine Ruhe. Niemals. Vielleicht ist es die Unsicherheit der Antwort, die mich immer wieder in diese Stadt zieht, mehr als nach Krakau oder Danzig. Eine Unsicherheit, die mir Gewissheit darüber gibt, dass ich noch nicht alles gelernt habe, verdaut habe, nicht stagniere, sondern noch aufnehmen kann, nicht eingeschlafen bin.

Warschau

Wo die Neue Welt
junge Menschen
in die alte führt

zu den Cafés
auf dem Grab
vergangener Zeit

Marktplatz in Warschau

Als ob nichts gewesen wäre
blicken farbige Häuser
von vier Seiten
in die Kaffeetassen
Deutsch sprechender und anderer
Nachgeborener

Warschau dem Erdboden gleich
ich stelle mir den Eiffelturm
auf dem Kopf stehend vor
so ungefähr müsste es ausgesehen haben

Lektion neun oder zehn
im Geschichtsbuch
ich habe damals bestanden
Warschauer Aufstand 1944
Armia Krajowa usw...

Ich habe gut gelernt
zwinge mich mitzufühlen
aber die Häuser
blicken so freundlich
nachsichtig
als ob sie alles vergessen hätten

Ein Windstoß schließt mein Buch
ich schaue auf und blicke
durch die Fenster
nach vorn

Mahnmal im Warschauer Getto

Wo Kinder mit Hunden
Ball spielen
ihre Fahrräder vorsichtig
an das Denkmal lehnen
wo alte Frauen
auf Bänken sitzen
und nichts tun
nur die Hände
in den Schoß legen
Erinnerungen stricken
wo das Shalom des Postkartenverkäufers
ungehört bleibt
weil Kunden fehlen
dort
wo Friede eingekehrt ist
und Gras wächst
über Schuld
wird der Park
zum Deckweiß
schwarzer Geschichte

Masurische Seen

Irgendwann kam der Zeitpunkt, an dem ich selber angefangen habe verlegen zu lächeln, wenn ich jemandem erzählte, dass ich im Urlaub nach Polen fahre. Ich hatte keine Lust mehr, etwas zu erklären, mich rechtfertigen zu müssen, warum und weshalb nicht nach Italien oder Spanien. Nur einmal, einmal lächelte ich nicht, sondern nannte das Ziel meiner Reise ganz normal, lässig, ernsthaft. So, als ob ich Südfrankreich oder Amerika sagen würde. Bei jener Reise in die Masuren. Masuren! – da fingen die Augen bei den Kollegen an zu leuchten, denn in die Masuren, da wollten sie alle schon mal hin. Hin zu den Seen, über die Störche noch in Schwärmen fliegen, wo es ruhig ist, romantisch und idyllisch. Dass die Masuren in Polen liegen, spielte plötzlich keine Rolle mehr, schließlich waren die Masuren ganz was anderes.

Von Warschau ins Herz der Masuren, nach Nikolaiken, sind es eigentlich nur 250 Kilometer, sodass ich mich zunächst wundere, weshalb der Schnellzug für diese Strecke laut Fahrplan über fünf Stunden benötigt. Doch schon wenige Kilometer nach der Abfahrt aus der polnischen Hauptstadt verwandelt sich die Zugfahrt in eine Bummelreise à la Jim Knopf. Mit 50 oder 60 Stundenkilometern zuckeln die Waggons durch eine scheinbar endlose Ebene, vorbei an Dörfern, Feldern und Gehöften. Bei jedem Dorfteich bilde ich mir ein, er sei der Beginn jener berühmten Seenplatte, um die mich zu Hause alle beneideten, in jedem fernen Vogel wittere ich einen Storch. Aber erst, als ich hinter Ortelsburg auf einem Feld tatsächlich einen schwarz-weiß gefiederten Storch erblicke, werde ich mir endgültig bewusst, wo ich mich befinde, und auch der erste große See lässt dann nicht mehr lange auf sich warten. Storch und See. Ich bin da, obwohl die

Zugfahrt noch gute zwei Stunden dauert. Doch nun ist die Reise bereits Teil meines Programms, und die Zeit vergeht schneller, als die Landschaft vorüberzieht. Bei der geringen Geschwindigkeit des Zuges kann ich getrost den Kopf aus dem Fenster hängen und bei lang gezogenen Kurven aus dem letzten Wagen den Reisenden im ersten Waggon zuwinken. Schade eigentlich, dass vorne keine Dampflok angespannt ist...

In Nikolaiken ist Endstation, und ich staune, dass nur sechs Leute aus dem Zug steigen. Sechs Leute im Herzen der Masuren? Und wie ich so dastehe und mich nach dem befürchteten Massentourismus umsehe, sind diese sechs Personen auch schon weg. Verschwunden. Irgendwohin. Wie vom Erdboden verschluckt. Ich blicke mich um. Hinter mir steht der abgestellte Zug, vor mir liegt ein völlig mit Gras überwuchertes Gleis sowie ein zierliches Bahnhofsgebäude aus rotem Backstein. Das war's. Kein Haus, keine Stadt, kein Taxi, kein Telefon. Nur eine Baumallee und eine kleine Straße. Mir kommt eine Szene aus dem Western *Spiel mir das Lied vom Tod* in den Sinn, in der eine Gruppe Gangster in einem ähnlich verlassenen Bahnhof auf den Helden wartet, um ihn bei der Ankunft umzulegen. Der Wilde Osten steht dem in nichts nach. Mit meinem kleinen Rollköfferchen folge ich der Straße und treffe nach einem halben Kilometer auf einen alten Bauern, den ich nach dem Weg in die Stadt Nikolaiken frage. Stadt? Das Wort will mir nicht über die Lippen, ich sage vorsichtshalber *Städtchen.* Zwei Kilometer. Fast pfeife ich auf die Störche. Aber die warme Sonne lässt mich den langen Weg vergessen und so ziehe ich ein in das Städtchen Nikolaiken, spaziere zu Fuß die Hauptstraße entlang Richtung Marktplatz, auf dem sich mein Hotel befindet. Links und rechts der Straße reiht sich ein Bernstein- und Silberschmuckladen an den anderen. *Wir sprechen deutsch*, lese ich auf ausgehängten Schildern, und durch die offenen Türen kommt mir tatsächlich der vertraute Klang meiner Muttersprache entgegen.

Nikolaiken liegt zwischen dem riesigen Śniardwy-See und dem Tałty-See. Beide Seen, die Teil der gewaltigen Seenplatte mit über 3000 Seen sind, verbindet ein schmaler Wasserlauf, der Nikolaikensee, an dessen Ufern das Segelparadies Nikolaiken liegt. Wenige Meter von meinem Hotel entfernt befindet sich der Jachthafen, in dem sich ein kleines Segelschiff an das andere schmiegt, und mir dämmert plötzlich, warum der Ort seinen Namen vom Heiligen Nikolaus, dem Beschützer der Seefahrer, ableitet. Seewolf, Paradies, Jarosław, und wie die Boote alle heißen. Ein Schiff trägt sogar den Namen *Nie wiem*, was auf Deutsch *Weiß ich nicht* heißt. Irgendein Spaßvogel hat darunter geschrieben: *ich auch nicht*. Da ich keinen Segelschein habe, löse ich ein Ticket für ein Ausflugsboot, das mich auf die Seen hinausfährt. Das Panorama, das sich mir bietet, lässt mich vergessen, wie nah ich eigentlich Berlin bin. Vorbei an Hunderten von Segelbooten bahnt sich das kleine Motorschiff den Weg. Wohin ich auch blicke, lauter weiße Fähnchen, die sich im Wasser spiegeln und vom Wind treiben lassen. Als der Kapitän den Motor abstellt, ist die Stille gespenstisch. Das andere Ufer des Śniardwy-Sees lässt sich nur mit Mühe erkennen, manchmal brechen kleine bewaldete Inseln den Blick zum Horizont. Immer wieder winkt man uns von den Segelbooten aus zu. Meist mieten drei oder vier Polen gemeinsam ein Boot, mit dem sie dann tagelang durch künstlich angelegte Verbindungskanäle von einem See zum andern segeln. Abends legen sie in einem der kleinen Orte an, versorgen sich mit neuen Lebensmitteln oder gehen in eines der zahllosen Fischrestaurants. Zander, Hecht, Muräne und Forelle finde ich auf jeder Speisekarte, wobei die deutschen Übersetzungen andeuten, woher der Hauptstrom der Genießer kommt. Der Fisch ist so gut und preiswert, dass sich mein anfänglicher Kummer über das ortsübliche Plastikbesteck schnell verflüchtigt.

Dass Nikolaiken eines der touristischen Zentren der Seenplatte ist, bekomme ich vor allem abends zu spüren, wenn laute Musik aus den Restaurants die Gäste zum Tanzen zwingt. Ich spaziere lieber über den Kai und lausche den leisen Gitarrenklängen aus den Kojen. Dort sitzen dicht gedrängt die Seepiraten der Neuzeit, spielen Karten oder starren in den Sternenhimmel. Für die meisten Polen ist eine Reise in einem Segelboot über die Masurischen Seen ein kleiner Traum, denn die Masuren zählen zu den teuersten Gebieten des Landes und nicht selten scheitert die Kreuz- und Querfahrt am Geld. Doch die Gesichter in den Kojen, in die ich abends blicke, sprechen nicht vom Geld. Die meisten der Kapitäne haben die Augen geschlossen und lassen ihre Gedanken treiben, den Platz genießen zwischen Himmel und Erde, vielleicht ein wenig stolz darauf, dafür nicht ins Ausland reisen zu müssen. Während die Sonne untergeht, weht ein leichter Wind über den See, und im Dämmerlicht spielt ein Teppich kleiner Wellen auf der Oberfläche. Ihr Glitzern ähnelt den Augen meiner Kollegen, als sie sagten, hierher wollten sie auch einmal...

Wolfsschanze

Während ich den Busfahrplan in Nikolaiken studiere, bedauere ich zum ersten Mal, nicht mit dem eigenen Auto in die Masuren angereist zu sein. Um zur circa 40 Kilometer entfernten Wolfsschanze zu gelangen, müsste ich mit dem Bus zwei Mal umsteigen, und der Anschluss ist ungewiss. Also rufe ich ein Taxi und stelle fest, dass der Preis für den Ausflug nur wenig teurer ist als die Miete für ein Auto. Mein Fahrer, der um die 60 Jahre alt sein dürfte, stellt sich mir als Piotr vor und spricht ein gebrochenes, aber dennoch gut verständliches Deutsch. „Deutsche Sprache war verboten nach Krieg, darum sprechen ich so schlecht!", sagt er und lacht. Bevor ich nachfragen kann, kracht unser Auto schon in ein Schlagloch, das nicht das letzte auf unserer Fahrt sein sollte. Schon bald bin ich froh, nicht mit dem eigenen Auto unterwegs zu sein. Piotr erzählt, dass es für die nach dem Krieg in den Masuren gebliebenen Familien ein hohes Risiko bedeutete, deutsch zu sprechen, weshalb er selber nur mit der polnischen Sprache aufgewachsen sei. Als ich ihn frage, wo er dennoch so gut deutsch gelernt habe, zuckt er die Schultern und lacht wieder, aber diesmal ist es ein verbittertes, resigniertes Lachen. „Ein bisschen von den Großeltern, die mit meiner Mutter immer deutsch sprachen, ein bisschen von den Touristen...", gibt er mir schließlich zur Antwort. „Und alles wegen die Hitlerowcen!" Sein Nachsatz klingt, als wolle er mich nun hinfahren an jenen Ort, der schuld daran war, dass er kein Deutsch mehr spricht wie seine Eltern, an jenen Ort, der ihm die Muttersprache geraubt hat, ein Stück Heimat. Mir wird plötzlich bewusst, dass ich mich auf dem Weg zurück in eine Vergangenheit befinde, deren Narben bis heute sichtbar geblieben sind, noch Schmerz empfinden. Eine Vergangenheit, über die mein Taxifahrer im Präteritum spricht, aber deren Gegenwart er noch spürt.

Ab und zu deutet Piotr auf ein Haus oder einen Kirchturm, auf dem sich ein Storchennest befindet. Er tut es stumm, sagt nichts dazu, weiß auch so, dass die Touristen verstehen, worauf er sie aufmerksam machen möchte. Kurz vor Sensburg halten wir an, um ein Storchenpärchen auf einem Hausdach zu fotografieren. Eine ältere Bäuerin tritt heraus und deutet auf einen nahe gelegenen Kamin. „Dort", sagt sie in einem Polnisch mit für mich fremdem Akzent, „ist auch mal ein Nest gestanden, ganz junge Störche, aber der Wind hat das Nest heruntergeweht". Sie zuckt irgendwie verständnislos die Schultern, bleibt ein wenig unschlüssig stehen, wartet, ob ich verstanden hätte, wie schwer das Leben in den Masuren ist, wenn man nicht Urlaub macht, sondern hier wohnt. Schweigend verschwindet sie dann wieder im Haus, und die Mahnung verfehlt ihre Wirkung nicht.

Mein Wunsch, zur Wolfsschanze zu fahren, hat Piotr nicht überrascht. „Alle deutschen Touristen fahren dorthin", erzählt er, und fügt hinzu, dass auch viele polnische Schulklassen Ausflüge zu diesem Ort veranstalteten. Bis zu meiner Reise hierher war die Wolfsschanze für mich ein eher abstrakter Begriff, ein Relikt aus dem Geschichtsunterricht, das mir vor allem wegen seines sonderbaren Namens im Gedächtnis geblieben war. Wolfsschanze! Das klang spannend, wobei die Spannung in erster Linie darauf beruhte, dass ich mir unter dem Namen nichts vorstellen konnte. Auch die Bezeichnung „Führerhauptquartier" brachte damals wenig Erhellung. Ein gut gesichertes Haus, malte ich mir aus, ein Schlösschen mit Schussanlagen oder einen unterirdischen Bunker – wie man sich als Schüler so vieles in sonderbaren Farben ausmalte, die Bastille, Jalta, den Checkpoint Charlie. Und wenn man dann sieht, was die Namen benennen, zerreißt sich das Bild von selbst, kapituliert vor der Realität.

Was ich acht Kilometer östlich von Rastenburg zu sehen bekomme, übersteigt selbst die Vorstellungskraft meiner

Schülerzeit. Ein ‚Quartier' hatte ich erwartet, nicht aber einen fast städtischen Charakter annehmenden Komplex aus Beton-Ruinen. Bereits am Eingang steht ein großer Lageplan, auf dem das 2,5 Quadratkilometer große Gelände abgebildet ist. Auf den ersten Blick zeigt die Darstellung eine Waldsiedlung mit zahlreichen Gebäuden, die durch kleine Wege miteinander verbunden sind. Aber als ich mich umdrehe, wird mir schnell deutlich, um welche Art von ‚Quartieren' es sich handelt: Betonbunker mit Ausmaßen, wie ich sie nirgends zuvor gesehen habe. Das Wort „Gigantismus" springt in meine Sprachlosigkeit, füllt die Leere, die mich umgibt. In so einer Bunkerstadt bezog Hitler Quartier, um seine Annexionspläne gegenüber der Sowjetunion umsetzen zu können. Von hier aus plante er die Eroberung der halben Welt und überlebte zugleich den Versuch einiger Militärs, seinem Wahn ein Ende zu setzen. Eine Gedenktafel erinnert an jenes Bombenattentat des Grafen Stauffenberg, das den Widerstand des deutschen Volkes gegen die Diktatur des Nationalsozialismus symbolisiert. Die Aufschrift lautet: *Hier stand die Baracke, in der am 20. Juli 1944 Claus Graf Schenk von Stauffenberg ein Attentat auf Adolf Hitler unternahm. Er und viele andere, die sich gegen die nationalsozialistische Diktatur erhoben hatten, bezahlten mit ihrem Leben.* Bezahlten mit ihrem Leben. Mir gefällt diese Redewendung unserer Sprache nicht. Sie klingt nach Kunde und Verkäufer, Angebot und Nachfrage. Was kostet wie viel. Was ist teuer, was billig. Das Leben als Währung lässt niemanden übrig, der mit ihr bezahlt.

Auf dem Lageplan sind über 80 Gebäude eingezeichnet, darunter ehemalige Luftschutzkeller, Hotels, Offizierskasinos, ein Kraftwerk und ein Bahnhof. Piotr erzählte mir im Taxi, dass jene Arbeiter, welche die Schienen verlegt hatten, ermordet wurden, um niemandem den genauen Standort der Wolfsschanze verraten zu können. Einen Teil der Schienen finde ich noch auf dem Gelände, eingerostet und mit Gras überwachsen. Eine Schulklasse hat sich auf einem der Gleise niedergelassen, macht Rast auf der Wanderung durchs Gelände.

Als die einmarschierenden Russen im Januar 1945 die Wolfsschanze durch Zufall entdeckten, fanden sie nur noch bis zu mehreren Metern dicke, über- und untereinander liegende Betonplatten vor. Die sich zurückziehenden deutschen Truppen hatten den Komplex gesprengt, soweit das überhaupt möglich war, und von dem einst 36 Millionen Reichsmark teuren Hauptquartier nur noch eine außerirdisch anmutende Betonlandschaft zurückgelassen. Über 55000 Minen wurden später geborgen, und bis heute warnen Schilder davor, die gekennzeichneten Wege zu verlassen. Kaum jemand hält sich daran. Auch ich betrete eine der Spalten im Beton, verlasse den Weg, um für einen Blick in die Dunkelheit mein Leben zu riskieren.

Die Bunker wurden zwischen hohen Bäumen errichtet und mit Moos und anderem Tarnmaterial bedeckt, sodass sie aus der Luft nicht auszumachen waren. Selbst auf dem Weg durch die Anlage wird manche Bunkerwand erst wenige Meter vor mir sichtbar. Nach über 45 Jahren liegen die stummen Kolosse noch immer im Verborgenen, bedecken ihre Scham vergeblich vor den Massen von Touristen, die sich auf dem Gelände tummeln. Mein Rundgang dauert über zwei Stunden, und es fällt mir schwer, den Alltag im Krieg in meiner Fantasie wiederzubeleben. Ich schließe mich einer geführten Gruppe an und bin erstaunt, mit wie viel Detailkenntnis und Engagement die polnischen Gästeführer den tristen Ort wiederbeleben. Bormann, Göring, Keitel und – natürlich Hitler. Namen bekommen in den Ausführungen plötzlich Hände und Füße, Uniformen laufen in großen Schritten über das Gelände, stehen stramm, erheben die Hand zum Hitlergruß. Wer damals mit Hitler sprechen wollte, musste drei Kontrollen passieren mit drei verschiedenen Ausweisen. Bis zum Feldmarschall hinauf wurden den Besuchern die Waffen abgenommen, so sehr fürchtete sich der Diktator selbst hinter acht Meter dicken Mauern vor Anschlägen. Die polnischen Fremdenführer imitieren den Sprachjargon von damals, die Gestik von Bormann, die Gangart von Goebbels, erzählen, wer vor wem zitterte, wer mit wem sympathisierte, zitieren Aussprüche und Standortbefehle. Ich versinke in diesem vorgeführten Grauen des Alltags, verlaufe mich zwischen den Betonwänden, die plötzlich mehr sind als ein Gemisch aus Zement, Wasser, Sand und Stahl.

Dann endet der Pfad, die Bäume lichten sich, Beifall ertönt aus der Gruppe, und Geldbörsen werden gezückt. Ich trete auf das Parkplatzgelände hinaus, der Weg zurück ins Jetzt gestaltet sich einfach und abrupt. In einem ehemaligen SS-Gebäude befinden sich heute ein Restaurant und ein Hotel, daneben reiht sich ein Souvenirshop an den anderen. Bücher, Postkarten, Silberschmuck werden verkauft. Die Wolfsschanze als Aufkleber, Aufdruck, Porzellan-Tellerchen. Die Touristen brauchen Andenken zum Vorzeigen, Mitbringsel mit Preisschildchen. I did it. I was here. Das genügt. Die Erinnerung spielt keine Rolle mehr. Und während die Eltern drinnen in den Läden noch Geschenke suchen, schlecken die Kinder draußen Eis. Für sie gibt es nichts zu verstehen.

Meine Augen suchen Piotr und finden ihn neben seinem Taxi sitzend eine Zigarette rauchen. Als er mich sieht, steht er auf, lässt den Wagen an, ich steige ein. Die ersten Minuten verbringen wir schweigend, dann reden wir über Polen, den Beitritt zur EU, die Arbeitslosigkeit. Piotr fragt nicht, wie es war, wie es mir gefallen hat. Er weiß, darum geht es nicht.

Kurz vor Nikolaiken parkt er nochmal das Auto in einer Nebenstraße und führt mich über einen kleinen Feldweg zu einem alten deutschen Friedhof. Auf den Grabsteinen finde ich noch deutsche Inschriften und Namen, einige sind in polonisierter Form geschrieben. In Oberschlesien wurden die deutschen Inschriften auf den Friedhöfen größtenteils ausgemeißelt. Hier dagegen, fernab von allen Städten und Behörden, wo die Repressionen gegen das Deutschtum nach dem Krieg weniger systematisch durchgeführt wurden, finden sich noch Überreste, stumme Zeugen vergangener Zeiten. Piotr führt mich zu dem Grab seiner Großeltern, auf dem deutsche Namen stehen. Die Rache der Kommunisten an den Erfindern der Wolfsschanze hat auch seine Familie getroffen, der mit dem Verbot ihrer Muttersprache auch die Identität geraubt wurde.

In den nächsten Tagen sehe ich Piotr häufiger in der Taxischlange auf dem Hauptplatz in Nikolaiken stehen, eine Zeitung lesen oder eine Zigarette rauchen. Wenn er mich sieht, hebt er die Hand, nickt oder lächelt mir zu. Als Taxifahrer hat er es nicht leicht in diesem Ort, denn die Konkurrenz ist hart, und kaum jemand fährt mit dem Taxi. Nur zum Bahnhof. Oder zur Wolfsschanze. Als Halbtagsausflug in die Geschichte.

„Entschuldigen Sie, können Sie mir sagen, wie spät es ist? ... Entschuldigung, können Sie mir sagen ... hallo, Sie! Idiota!“ *Idiota.* Irgendjemand schreit zu irgendjemandem *Idiota. Idiota* mit polnischem, entrüsteten o, dessen Atemvolumen gleichsam das Missfallen zur gemeinten Person hinüberkatapultiert. Erst, nachdem die Person an mir vorübergegangen ist, die Frage nach der Uhrzeit mich aus meinen Träumen gerissen hat, kommt mir in den Sinn, dass sie vielleicht mir gegolten hat und die Empörung dieses jungen Polen nun irgendwo an meiner warmen Daunenjacke klebt.

Es beginnt schon dunkel zu werden, und jeden Augenblick sollten die Laternen aufflackern, die im Spalier an beiden Seiten dieser Gasse stehen, deren ungewöhnliche Aura mich in ihre Träume gewiegt hat. Außer mir befindet sich niemand an diesem kalten Winterabend auf dem verschneiten Pflaster, von dem sich links und rechts Beischläge erheben, die in kleine Türen schmaler Bürgerhäuser münden. Ein unheimlicher Zauber geht aus von diesem Ort, wie ich ihn bisher in keiner anderen Straße dieser Stadt erlebt habe. Ich fühle mich zurückversetzt in ein anderes Jahrhundert, in die Kulisse eines Films, verwunschen in einer Welt, die unmöglich die meine sein kann. Viele berühmte Straßen bin ich auf und ab gegangen, habe nach links und rechts bewundernde Blicke verteilt, um dann weiterzueilen, den verpflichtenden Empfehlungen der Reiseführer rechtzeitig folgend. Die Champs-Elysées, den Rodeo-Drive oder die Fifth-Avenue, überall drehte ich meine Pflichtrunden, einmal mehr als nötig hin und zurück, um dem gepriesenen Ruhm des Pflasters gerecht zu werden. Jeder zu Hause wusste später, wo ich gewesen bin. Aber hier?

Es hat wieder zu schneien angefangen, und kleine Pfützen bilden sich auf dem Pflaster. Ein Freund in Oppeln hatte mir abgeraten, im Winter nach Danzig zu fahren. Die Stadt sei nur im Sommer schön, wenn Stühle vor den zahlreichen Cafés auf dem Langen Markt stünden und man in Sopot am Strand liegen und Eis essen könne. Im Hafen von Gdingen liefen dann große Passagierschiffe ein und aus, und es gäbe Freilichtkonzerte mit bekannten polnischen Popstars. Bestimmt hatte er Recht. Wäre ich im Sommer hierher gekommen, hätte ich mir vorher einen Reiseführer gekauft, mir eine Route erarbeitet, wie ich in kürzester Zeit die meisten Sehenswürdigkeiten erreiche, und mit Sicherheit auch gewusst, in welcher verzauberten Gasse ich mich gerade befinde. Ich hätte mich eingelesen in die Geschichte dieser Stadt, die über Jahrhunderte hinweg wie ein begehrtes Tuch zwischen Deutschland und Polen hin und her gerissen wurde, um schließlich ihr Gleichgewicht in der Mitte zu finden. Eine Stadt, die als Auge Polens mit deutscher Pupille die Geschicke beider Länder von der Küste aus beobachtete und oftmals schmerzhaft hineingezogen wurde in die Stürme nationaler Begierden.

Nun aber, mitten im Winter, war mein Entschluss, mir Danzig anzusehen, spontan gewesen, ungeplant und fern aller Zwänge, ein Programm absolvieren zu müssen. Nach meiner Ankunft am Morgen spazierte ich vom Bahnhof durch die Danziger „Rechtsstadt", dann weiter dem einstigen Königsweg folgend durch das Hohe Tor die Lange Straße entlang zum Artushof. Im Innern dieses historischen Saales verwandelten sich die wenigen, in den weiten Räumlichkeiten sich verlaufenden Touristen in Ritter, ihre Fotoapparate in Schwerter, die zu ziehen – laut Anweisung an der Kasse – strengstens verboten war. Wieder draußen auf der Straße, empfing mich Gott Neptun auf einem Brunnen, der an die einstige Seehandelsmacht Danzig erinnert und dessen Wasser im Winter in den wohlverdienten Schlaf geflossen ist. Die Kälte schien ihm nichts anzuhaben, seine bronzene

Nacktheit dem Wetter zu trotzen, während sich sein Dreizack gegen die Ungeheuer aus dem Meer erhob. Ein schönes Denkmal im Zentrum einer Stadt, die nach jahrzehntelangem Widerstand den Kampf gegen die Ungeheuer letztlich gewonnen hat und ihr zerstörtes Gesicht einer gelungenen Schönheitsoperation unterziehen konnte.

Auf dem Langen Markt betrat ich ein Hotel, um eine Bleibe für einen längeren Besuch im Sommer ausfindig zu machen. Obwohl sich die Vorderseite des Hotels nahtlos in die prachtvolle Häuserfront des Langen Marktes einfügte, zogen sich im Innern jene langen, trostlosen Gänge, die ich von früheren Aufenthalten in russischen Hotels kannte. Auch der Speisesaal mit seiner überdimensionalen Größe sowie den vielen Tischen ohne Gäste rief mir schnell ins Bewusstsein, dass ich mich auf dem einstigen Boden einer Ideologie befand, die große Hohlräume benötigte. Eilig trat ich durch das Grüne Tor vom Langen Markt an die Uferpromenade der Mottlau hinaus, ließ mich den Fluss entlangtreiben und kehrte auf Umwegen wieder zum Bahnhof zurück, um mit dem Zug nach Sopot zu fahren.

Hinter mir kracht eine Tür. Irgendwo sperrt jemand ein Schloss zu, stapft durch den Schneematsch davon. Dann ist es wieder still. Die beleuchteten Schaufenster der Bernsteingeschäfte heben sich gespenstisch ab von dem Dunkel, das nach und nach über die Gasse hereinbricht. Im Sommer muss es hier voll sein von Menschen, die sich die Türklinken in die Hand geben, sich eindecken mit dem Gold der Ostsee, um es zu Hause zur Schau zu stellen. Dabei wirken die Lädchen mit ihren leuchtenden Vitrinen viel zu zerbrechlich, als dass sie einem Ansturm von Touristen standhalten könnten. Um diese Jahreszeit spaziere ich allein zwischen den Hausvorsprüngen hindurch, tauche ab und zu hinunter in einen der Verkaufsräume, in denen sich nur selten Kunden begegnen, betrachte unter bereitgestellten Lupen in Bernstein eingeschlossene Insekten, Fliegen oder Käfer, als suchte ich mich selbst.

Bis heute, als ich in Sopot den Strand betrat, hatte ich immer geglaubt, dass überall dort, wo es das Meer gibt, ewiger Sommer herrschte. Von Kindheit an war das Rauschen des Meeres für mich verbunden gewesen mit bräunender Sonne, Badehose und Schnorchelausrüstung. Strandspaziergänge ohne Sand, der durch die Zehen quillt, waren für mich nicht vorstellbar gewesen, ebenso wie zum Badespaß der Eismann gehörte, bei dem man Schlange steht und sich dabei die Füße in den Boden brennt. Heute war alles anders. Statt des Sandstrandes führte eine Schneedecke zum Wasser, an deren Ende die Wellen in regelmäßigen Zügen am Eis leckten. Das Licht der Sonne spiegelte sich in den Kronen der Wellen zwischen den Eisschollen, auf denen Hunderte von Enten und Schwänen darauf warteten, von dick vermummten Spaziergängern mit Brot gefüttert zu werden. Ab und zu lag ein Schwan tot in seinem Gefieder, weil er eingeschlafen war und beim Erwachen zu schwach, sich loszueisen. Ich war auf der Mole ins Meer spaziert und hatte mich an deren Spitze hingesetzt, um diesem einsamen Schauspiel einige Zeit zuzusehen. Mir schien es, als ob das Meer seine Sommerferien im Winter machte, um sich für die Hochsaison zu rüsten, wenn der Boulevard der Helden von Monte Cassino wieder zum Laufsteg für elegante Paare wird, zur Autobahn für Kinderwagen oder zum Wanderweg für ältere Herrschaften, die sich aufmachen zu einem Verdauungsspaziergang nach dem Buffet im eleganten Grand Hotel, dem einst auch Charles de Gaulle oder der Schah von Persien die Ehre erwiesen. Jetzt aber lag auch der Boulevard einfach nur da, lang gestreckt und meist nur von Vögeln betreten, die unter der dünnen Schneedecke nach Brotkrumen pickten.

Am Nachmittag nahm ich den Zug zurück nach Danzig, trank einen Kaffee auf dem Langen Markt und besuchte die

Marienkirche. In einer Seitenkapelle fand ich eine angeblich originalgetreue Kopie des Tryptichons *Das Jüngste Gericht* von Hans Memling aus dem Jahr 1473, auf dem viele nackte Männer und Frauen ohne Geschlechtsteile abgebildet waren. Sie sahen aus wie Puppen für Kinder, die auf derartige Details noch verzichten können. Wenige Minuten später betrachtete ich das Originalbild im Danziger Nationalmuseum, auf dem die Geschlechtsteile der dargestellten Menschen noch nicht amputiert waren. Unwillkürlich musste ich über den polnischen Katholizismus lächeln, dessen Regeln selbst die menschliche Natur – wenn sie sich denn in einer Kirche befindet – unterworfen wird.

In der Heilig-Geist-Straße suchte ich längere Zeit nach dem Haus, in dem vor über 200 Jahren Arthur Schopenhauer geboren wurde. Nicht einmal an der Touristeninformation in derselben Straße konnte man mir darüber Auskunft geben. Dann sprach mich ein älterer Herr an, der das Gespräch in der Touristeninformation mitgehört hatte, und führte mich zu einem Haus, das auf seinem Giebel eine Schildkröte trug und in dem sich eine kleine Bücherei befand. Die Angestellten erzählten mir, dass Schopenhauer ganz oben geboren wurde, unter dem Dach. Über eine Gedenktafel an der Außenmauer würde zwar schon längere Zeit verhandelt, bisher allerdings ohne Erfolg. Stattdessen holte die Dame an der Aufsicht aus einem Terrarium eine kleine Schildkröte, die in der Bibliothek gepflegt wird. Eine Gedenkschildkröte für den Philosophen – das hätte ihm gefallen...

Ich streune – das ist das richtige Wort – noch immer durch diese Gasse, drehe jedes Mal um, wenn sich ein Ausweg anbietet, fühle mich wohl in ihrem offenen Käfig. Ich möchte ein Lied vor mich hin summen, irgendeines, um mir meine Anwesenheit in der Dunkelheit zu beweisen. Aber schon beim ersten Ton breche ich wieder ab. Die Stille hat ihn in ihrem riesigen Maul verschluckt und mir auf diese

Weise zu verstehen gegeben, welche Macht sie hat. Die Laternen sind längst angegangen, leuchten die Häuser der Gasse in den Schlaf, während der Wind ab und zu noch Stimmen oder das Geschrei von Jugendlichen auf dem Langen Markt herüberweht. Ich würde die Gasse gerne fragen, wie lange eine Minute ist, aber wahrscheinlich würde ich die Antwort ohnehin nicht erleben. Sie schläft, wie einst Dornröschen schlief, und insgeheim wünsche ich ihr, dass kein Prinz vorbeikommt, um sie wach zu küssen. Durch das Dunkel läuft plötzlich ein Junge mit einem Stapel Zeitungen, und einen Moment lang glaube ich, das Schlagen einer Blechtrommel zu vernehmen, mit der er auf seine Ware aufmerksam macht. Es könnte der Junge sein aus dem Roman, dessen Buchstaben überall in der Stadt unsichtbar an den Häuserwänden schweigen und dessen Lektüre mir Danzig schon früh ins Gedächtnis geprägt hat. Aber der Junge spielt auf keiner Blechtrommel, die Gläser der Laternen sind noch heil, und die Zeit ist eine andere. Ich kuschel mich in die Träume, die mich in dieser Stadt an jeder Ecke befallen, lasse mich verzaubern, stelle keine Fragen, solange es geht. Die Träume bleiben, auch wenn ich Danzig morgen wieder verlassen werde, und mit der Stadt auch diese Gasse, durch deren winterlichen Schlaf ich gewandelt bin.

Wieder stehe ich am Tor, das zum Fluss hinausgeht, beschließe, endgültig hinauszutreten, mich vom Lauf der Mottlau zurück zum Langen Markt führen zu lassen, und kehre dennoch ein letztes Mal um.

Frauengasse in Danzig

Auch ohne Dornenhecke schläfst du,
länger schon als Dornröschen,
tief und fest und träumst,
dass jeder Kuss an dir vorübergeht

Die Prinzen flanieren nebenan
kokettieren an der Seite ihrer Väter
im Volkslärm mit dem verführerischen Charme
deiner lebhaften Schwestern

Nur ab und zu sehnt sich dein Herz hinüber
in die Gesellschaft, zu den Massen,
die zwischen den Häusern tanzen
die Gegenwart vergehen lassen

Dann drehst du dich wieder um,
bläst ein wenig den Staub von deinen Treppen,
zündest die Laternen an und versinkst
mit dem Fluss in der Stille

Thorn

Es gibt kaum eine schönere Art und Weise, sich einer Stadt anzunähern, als über eine Brücke. Wenn noch dazu Dunkelheit herrscht und die sich im Fluss spiegelnde Silhouette der Stadt dem Besucher schon von Ferne entgegenleuchtet, fällt es schwer, sich einer Liebeserklärung zu enthalten. Als mein Taxi mich in einer warmen Augustnacht vom außerhalb gelegenen Bahnhof über die Piłsudski-Brücke Richtung Innenstadt befördert, möchte ich es anhalten, aussteigen, und ohne die Stadt jemals vorher gesehen zu haben, ihr sagen wollen, dass ich sie liebe. Es gibt solche Städte. Aber sie sind selten. Entweder fehlt der Fluss. Oder die Brücke. Oder die angestrahlte Silhouette. Ich verlängere meinen Aufenthalt gleich bei der Ankunft im Hotel und kann es kaum erwarten, der Stadt Guten Morgen zu sagen.

Der nächste Tag hält, was die Nacht versprochen hat. Der Schein trog nicht. Und als hätte das Sonnensystem des Thorner Astronomen Nikolaus Kopernikus schon auf mich gewartet, zieht mich die Schwerkraft des berühmten Rathauses seiner Heimatstadt geradewegs in seine Umlaufbahn. Ein überwältigender Backsteinbau in gotischem Stil, der das Stadtbild auf seine Art dominiert, aber nicht erdrückt. *Suchst du das Glück?*, lautet die überdimensionale Inschrift auf dem Werbeplakat, das den eingerüsteten Turm ziert. Aber ich brauche das Telefonbuch nicht, das die Antwort auf die Frage geben soll. Der Thorner Marktplatz genügt mir vollkommen, mit seinen Blumenverkäufern, den Cafés, Musikern und Kleinkünstlern. Es gelingt mir nicht, ein Foto vom Denkmal des Kopernikus zu machen, ohne einen Touristen mit auf das Bild nehmen zu müssen. Die Welt liegt ihm zu Füßen und will das Feld nicht räumen. Dabei trägt er den Globus in der Hand und scheint mit ernstem Blick noch vom Denkmal aus um Verständnis für seine Thesen werben zu wollen. Wüsste er, dass die Nachwelt beinahe mehr um seine Nationalität, als um sein Werk gestritten hat, er wäre wohl enttäuscht. Und obwohl sich die Gemüter in dieser Frage beruhigt haben, ist in Thorn ein neuer Streit vom Zaun gebrochen: Wurde Kopernikus wirklich am 2. Februar 1473 im Haus Nr. 17 der Kopernikus-Straße geboren, wo sich auch ein Museum befindet? Oder nicht vielleicht doch auf dem Marktplatz, in einem zweiten Haus der Familie? Die Gästeführerin im Museum erörtert das Für und Wider, aber mir ist es egal. Fasziniert bestaune ich die im Museum ausgestellten Rekonstruktionen jener einfachen, genialen Geräte, mit denen Kopernikus einst die Welt aus den Angeln zu heben vermochte. *TERRAE MOTOR SOLIS CAELIQUE STATOR – Die Welt hat er bewegt, Sonne und Himmel zum Stehen gebracht.* Diesen Spruch haben ihm die Thorner auf das Denkmal gesetzt, sicher nicht ohne Stolz auf ihre kleine Stadt. Und damit auch der Rest der Welt nicht vergisst, wessen Sohn er ist, bieten überall Händler kleine Figuren des berühmten Thorners an, aus Holz, oder Bronze, als Standfigur oder nur die Büste. In Thorn dreht sich alles um Kopernikus, und bevor mir schwindelig wird, entziehe ich mich gewaltsam der Umlaufbahn des Rathauses, nicht ohne noch ein Foto vom mächtigen Artushof gemacht zu haben. Hier wurde im Jahr 1466 der 13-jährige Krieg zwischen der polnischen Krone und dem Deutschen Orden mit dem 2. Thorner Frieden beendet, heute beherbergt er eine orientalische Kunstsammlung des Bezirksmuseums. Eine irgendwie beunruhigende Kombination, wie ich finde. Schon besser gefällt mir das Angebot, auf dem nahe gelegenen Gelände der alten Ordensritterburg für zwei Zloty fünf Holzpfeile auf eine Pappzielscheibe abfeuern zu dürfen. Beobachtet von den gewaltigen Mauern der Burgruine muss ich die Erfahrung machen, dass es die Ritter nicht leicht hatten damals, zumal die Gegner selbst in Rüstung sicher nur halb so groß waren wie die Zielscheibe. Ich schiebe das schlechte Ergebnis auf den krummen Bogen und mache mich auf, einen Blick in die wenigen noch erhaltenen Innenräume der Ruine zu werfen. Einige alte Steinstufen sind noch begehbar, auch ein dunkler Gang, der in einen Turm führt mit kleinen Fenstern auf die Stadt hinaus. Ein Rentner mit Schirmmütze, der anscheinend in den Ruinen zu Hause ist, macht mich auf einen mittelalterlichen Abort aufmerksam und erzählt mir in ein paar Sätzen die Geschichte des Schlosses und seiner Zerstörung durch die Thorner Bürger im Jahr 1454. Ich möchte ihm für seine Führung ein kleines Trinkgeld zustecken, aber er lehnt lachend ab, sagt, dass es ihm Spaß mache, den Touristen die Burg zu zeigen, und wendet sich schon neuen Besuchern zu. Es gibt sie also noch, die edlen Ritter.

In einem kleinen Geschäft in der Nähe kaufe ich mir eine Minipackung der berühmten Thorner Lebkuchen. *Katarzynki* steht auf der Packung, daneben, wie zur Veredelung, ein Bild von Kopernikus. Fast tut er mir Leid, der Sternengucker, der hier selber in den Strudel seiner rotierenden Erde gesogen worden ist und sogar für Lebkuchen als Werbeträger auftreten muss. Dabei sind weder der Preis noch der Geschmack astronomisch.

Auf meinem Weg zur alten Thorner Stadtmauer statte ich der imposanten Kirche des Heiligen Johannes einen Besuch ab. Sie ist die älteste Kirche der Stadt und gleichzeitig Bischofskirche. Ein kleiner Glanzprospekt, den ich am Eingang erwerbe, macht mich auf das Taufbecken von Nikolaus Kopernikus aufmerksam, ebenso auf das hier befindliche älteste Denkmal, das dem Astronomen gewidmet ist und aus dem 18. Jahrhundert stammt. Ich frage mich, ob das Denkmal von Galilei ebenfalls in einer Kirche vorstellbar wäre, und mache mich auf zur nahe gelegenen mittelalterlichen Stadtmauer. Stolz hält dieser mächtige und erstaunlich gut erhaltene Backsteinwall mit seinem zum Teil noch begehbaren Wehrgang die Erinnerung an alte Zeiten aufrecht. Ein schiefer, wirklich schiefer Turm weckt meine Neugierde. Eine Gruppe Jugendlicher versucht, stehend an die Mauer gelehnt das Gleichgewicht zu halten. Vergeblich. Als sie verschwunden sind, und ich mich unbeobachtet fühle, scheitere auch ich. Wie zum Trost gibt es in seinem Innern wieder einen Souvenirladen mit Kopernikus-Figuren. Ich flüchte.

Durch das Seglertor gelange ich an das Ufer der Weichsel. Auf der kilometerlangen Promenade verteilen sich Hunde, Spaziergänger und Kinderwagen gleichmäßig und bilden einen Fluss neben dem Fluss. Ein Ausflugsdampfer lädt zur Panorama-Fahrt ein, denn die Stadt mit ihrer roten Mauer und den vielen den Himmel kitzelnden Kirchtürmen bittet förmlich darum, vom Wasser aus betrachtet zu werden, dem Besucher ihre schönste Seite präsentieren zu dürfen. Ich kann der Versuchung nicht widerstehen und steige an Bord. Eine Dreiviertelstunde posiert die Silhouette der Stadt vor mir im Spiegel des Flusses, wechselt ihre Perspektive wie ein Model vor der Kamera. Am Ende habe ich wieder festen Boden unter meinen Füßen, und die Stadt verharrt im Stillstand, als wäre nichts gewesen. Aber sie hat erreicht, was sie erreichen wollte. Mein Versprechen, wiederzukommen.

Piotrkowska-Straße, Lodz

Am Platz der Freiheit drängt mich die Menschenmasse aus der Straßenbahn, als wollte sie sagen, raus hier, hier fängt die Stadt an. Und ich folge ihr willig, flute hinaus auf den runden Platz, in dessen Mitte sich hoch oben auf einer Säule der Freiheitskämpfer Tadeusz Kościuszko erhebt und in die Tiefe blickt. Wie die Geschichte Polens kurven auch die Autos und Straßenbahnen um das Denkmal, kein Weg führt an dem Helden vorbei, er steht im Mittelpunkt des Sterns, in dessen Zacken sich der Verkehr verteilt. Ich laufe einmal im Kreis, dann zieht mich der Schlund der Piotrkowska-Straße wie ein Magnet in die Tiefe.

Diese Straße hat keinen Anfang und kein Ende. Unterwirft sich nur der Form halber diesem Gesetz und täuscht mir schon nach wenigen Metern Unendlichkeit vor. Auf dem Stadtplan fügt sie sich noch ein ins gleichmäßige Netz der Quadrate, fällt nicht weiter auf, weil der Stadtplan von Lodz keiner Straße die Möglichkeit bietet aufzufallen. In Wirklichkeit aber beherrscht sie das Stadtbild, ist keineswegs nur beliebige Linie im waagrechten und senkrechten Spiel der Straßen, sondern die Königin unter ihnen, welche die Untertanen um sich schart.

Beim Blick in die Tiefe der Piotrkowska-Straße fällt es mir schwer zu glauben, dass Anfang des 19. Jahrhunderts in dieser Stadt nur 800 Menschen gewohnt haben sollen. Eine gewaltige Häuserfront erhebt sich zu beiden Seiten der Straße, stellt ihr Profil zur Schau, als gelte es, mit Säulen, Schnörkeln und Figuren einen Wettbewerb zu gewinnen. Aber der Jugendstil ist an manchen Stellen alt geworden, hat Falten bekommen und hässliche Flecken. Die reichen Bauherren von einst sind längst verschwunden, die Konkurrenz von damals hat ihre Disziplin gewechselt. Aus den ehemals überwiegend deutschen Besitzern von Textilfabriken, Manufakturen und Spinnereien sind nun polnische Banker geworden, Restaurantketteninhaber oder Computerfachleute. Einige der Paläste scheinen in Gedanken versunken von den alten, goldenen Zeiten zu träumen, die gar nicht so alt sind, wie ihr Zustand manchmal vermuten lässt. Andere wiederum strahlen mit neuem Outfit, haben eine Schönheitsoperation gut überstanden und genießen die neidvollen Blicke der Nachbarn. Trotz der Gegensätze halten die Häuser fest zusammen, bilden links und rechts der Straße eine Front, die Spalier steht für den Menschenstrom, der den Rhythmus der Stadt angibt. In welchem Stil er seinen Palast erbaut haben möchte, soll ein neureicher Fabrikbesitzer im 19. Jahrhundert von seinem Architekten gefragt worden sein und geantwortet haben: in allen. Und ich werde das Gefühl nicht los, dass schon damals der Kunde König war.

Alle paar Meter bricht sich durch die massive Häuserwand ein Tor, ein Luftloch gewissermaßen, das zur Atempause einlädt von der Geradlinigkeit der Hauptstraße. Im Innern der Torbögen sind Schilder angebracht, die mir wie Inhaltsverzeichnisse angeben, welche Geschäfte sich in den Höfen befinden: Copyshops, Internetcafés, Schmuckläden oder Erotikshops. Und beim Betreten offenbart sich mir jedes Mal ein neuer, unerwarteter Anblick, mal ein architektonisches Kleinod, mal nur verwahrloste Baracken oder heruntergekommene Häuser. Es gibt kein System, keine Hinweise darauf, was sich hinter den Toren an Eindrücken verbirgt, ich bin aufgefordert, sie auszuprobieren, ihnen Zeit zu schenken, einzutreten, um zu staunen oder enttäuscht wieder auf die Hauptstraße zurückzukehren.

Fortlaufend erzählt mir die Straße die Geschichte ihrer Stadt. An einem Flügel sitzt in Eisen gegossen der Pianist Arthur Rubinstein und greift für zwei Zloty in die Tasten. Ein wenig weiter begegne ich dem Dichter Julian Tuwim auf einer Bank in Gedanken vertieft, während Touristen sich an seiner Seite fotografieren lassen. Hoch oben über den Verschnörkelungen der Fassaden blickt Johannes Gutenberg auf den Menschenstrom herab, wie eine Heiligenfigur in Stein gemeißelt unter einem Baldachin, und aus einer Nebenstraße lugt das Hotel Savoy hervor, spricht mit der Stimme von Joseph Roth. Vom Pflaster grüßen in Hollywood-Sternen verewigt jene Filmgrößen des Landes, die den Ruf der Filmhochschule von Lodz in die Welt hinaus trugen und der Stadt aus jenem Stoff, aus dem die Träume sind, Denkmäler gesetzt haben. Kieślowski, Wajda, Cybulski, Olbrychski, alle begleiten sie die Straße zu beiden Seiten, lassen sich ihre Illusionen nicht nehmen von den Schuhen und Stiefeln, die über sie hinwegschreiten. Von einer Häuserwand blicken die Porträts der Fabrikanten Poznański und Grohman sowie anderer verdienter Persönlichkeiten der Stadt wie aus dem Jenseits auf die Straße herunter, um zu sehen, wie sich ihre Stadt verändert hat, was es Neues gibt in ihrer Heimat. Und ein wenig weiter... Die Stimmen der Häuser und Denkmäler überschlagen sich, ordnen sich nicht linear, sondern erzählen durcheinander, quer durch Raum und Zeit, hören einander nicht zu, weil sie fixiert sind auf ihre eigene Geschichte. Nichts in dieser Straße steht still, jedes Haus greift nach meiner Hand, zieht mich in seinen Strudel, um mich nach einigen Umdrehungen schließlich weiterzureichen in den nächsten. Doch letztendlich ist die Straße zu lang für die kurze Geschichte der Stadt, irgendwann, hinter der Mickiewicz-Straße geht ihr der Stoff aus, und sie gibt mich frei, überlässt mich der Moderne, dem Ungeordneten, Zufälligen, löst ihre Reihen auf und verliert sich schließlich selbst in ihren Kilometern.

Ich kehre um und winke eine der vielen Fahrradrikschas heran, die pausenlos die lange Straße auf und ab fahren. Mal leer, mal mit einer Person besetzt, mal mit zwei Kindern, selbst ein großer Koffer schwebt auf drei Rädern an mir vorbei und verschwindet zwischen den Passanten. Ein Zloty fünfzig kostet die Fahrt einfach. Wenig Geld für viel Weg. Mit lockenden Blicken und einladenden Handbewegungen versuchen die Radler, Passagiere für sich zu werben, und haben Erfolg. Mein Chauffeur ist ein älterer Herr mit Baseballmütze, der angestrengt und schwerfällig in die Pedale tritt. Schon nach wenigen Metern plagt mich das schlechte Gewissen. Günter Grass' Unkenrufe fallen mir ein, in denen sich die polnische Witwe Aleksandra Piątkowska aus demselben Grund den halben Roman lang weigert, das florierende Rikscha-Gewerbe ihres bengalischen Bekannten Chatterjee zu nutzen. Überhaupt könnte der Roman von Grass eine Anregung für die Lodzer gewesen sein, die Rikschas einzuführen, schließlich bringt die Einführung dieses Transportmittels in Danzig dem Initiator am Ende viel Geld ein. Vielleicht aber ist alles nur Zufall, stammt dieselbe Idee aus zwei Quellen, die nichts voneinander wissen und sich für originär halten. Während ich an Grass denke, verspüren meine Beine den Willen, ein bisschen nachzuhelfen am Boden, dem älteren Herrn die Last ein wenig zu erleichtern. Dabei geht die Fahrt flott, und ich höre aus dem Mund des Fahrers sogar das leise Singen eines polnischen Schlagers. Also tröste ich mich mit dem Gedanken, dem Radler später mit etwas Trinkgeld die Anstrengung zu honorieren, und gebe mich völlig der Straße hin, deren Fassaden wieder links und rechts an mir vorbeiziehen und weiterhin ihre Geschichten erzählen. Diesmal rückwärts und schneller, wie ein Tonband, das mit zu hoher Geschwindigkeit abläuft und die Inhalte verzerrt, unverständlich wiedergibt. Die asiatische Rikscha vereint sich mit dem polnischen Gesang des Fahrers und der von deutschen Industriellen geprägten Lodzer Geschichte zu einem merkwürdigen Rausch der Kulturen, der mich gefangen nimmt und endgültig versinken lässt in der

Atmosphäre dieser Straße, die für sich allein eine Stadt wert wäre.

Krakau

Diese Stadt braucht keinen Spiegel, um eine Antwort auf die Frage zu erhalten, wer die Schönste im ganzen Lande sei. Krakau ist unumstritten die Königin unter den Städten Polens, jene, nach welcher sich alle Köpfe umdrehen, jene, zu welcher die weniger von Natur und Geschichte Privilegierten mit einer nicht unerheblichen Portion Neid aufschauen. Es gibt wohl niemanden in Polen, der Krakau die Vormachtstellung unter den schönen und attraktiven Städten ernsthaft streitig machen würde. Und wenn man einen Polen fragt, wohin der Tourist unbedingt reisen sollte, dann fällt der Name Krakau wie selbstverständlich an erster Stelle.

Wenn ich an Krakau denke, spüre ich in mir einen Hauch von Skepsis gegenüber dieser Stadt. Zu makellos erscheint mir ihr Ruf, zu schön, um wahr zu sein. Vielleicht stört es mich, dass dieser Stadt so viel Aufmerksamkeit zuteil wird, sie so viel Interesse auf sich zieht, während sich andere polnische Städte noch im Kampf mit den Wunden der Vergangenheit befinden, sich mühsam und mit viel Geld ihre Narben überschminken, um Paroli bieten zu können. Vielleicht bin ich auch nur deswegen misstrauisch, weil sonst niemand misstrauisch ist. Krakau lacht mit dem schönen Lächeln einer Polin, die weiß, dass sie etwas hat, was andere nicht haben. Und trotz meines Misstrauens zieht mich dieses Lächeln immer wieder an, auf jeder Reise durch Polen, magisch, als führen alle Züge nur über Krakau.

Es ist immer der gleiche Weg, der mich in die Altstadt verführt. Vom Bahnhof am Słowacki-Theater vorbei durch das Florianstor hinein in die Floriańska-Straße. Die vielen Souvenir- und Silbergeschäfte, Wechselstuben und Straßenmusiker sind längst sichtbare Zeichen dafür, dass Krakau nicht mehr nur Geheimtipp ist für jene, die genug davon haben, am Prager Wenzelsplatz im Gedränge zu stehen. Im Gegenteil, an schönen Sommertagen schiebt sich auch durch diese einst königliche Straße schon ein dichter Menschenstrom zum Marktplatz hinunter, der mit den Prager Verhältnissen durchaus konkurrieren kann. Manchmal bleibe ich stehen, stelle mich dieser zähen Masse entgegen, lasse mich anrempeln oder von bösen Blicken streifen, denke dabei an meinen ersten Besuch Mitte der 80er-Jahre zurück. Damals besuchte ich die Stadt noch via Transit-Autobahn durch die DDR und war stolz darauf, eine Perle Europas entdeckt zu haben, die noch keiner meiner Freunde mit dem Interrailticket abgehakt hatte. Mittlerweile habe ich den Eindruck, dass auch hier schon mehr Rucksäcke als Personen den Weg vom Bahnhof zum Marktplatz entlangpilgern.

Durch eine unscheinbare Türe betrete ich das Café Michalik, eines der berühmtesten Cafés der Stadt, in dem sich um die Jahrhundertwende die Krakauer Bohème traf und das Mittelpunkt von Klatsch- und Skandalgeschichten war. Heute ist es ein Ort für Jugendstil-Nostalgiker und Café-Fetischisten, die sich fernab des Trubels mit ein bisschen Fantasie in alte Zeiten versetzen lassen. Sei's drum. Auch mir ist der Besuch zum festen Bestandteil meiner Spaziergänge durch Krakau geworden. Er erinnert mich an jene Sekunde, die ein Flugzeug noch einmal anhält, bevor der Pilot Vollgas gibt, in die Lüfte startet, und bevor ich mich aufmache, von der Floriańska-Straße endgültig hinaus auf den Marktplatz zu treten, der Stadt ins Antlitz zu schauen. Hier, und immer hier, lösen sich alle meine Vorbehalte gegenüber der makellosen Schönheit Krakaus in nichts auf. Ich lasse mich fallen, von der Atmosphäre gefangen nehmen, leiste den Sirenen keinen Widerstand mehr. Die Mündung der Floriańska-Straße auf den riesigen Marktplatz, auf dem sich links die Marienkirche mit ihren gotischen Kirchtürmen erhebt und rechts die weißen Mauern der Tuchhallen in der Sonne schimmern, diese Mündung des Floriańska-Stromes in ein

Meer aus Tauben, das den polnischen Dichterfürsten Adam Mickiewicz in seiner Mitte umflutet, lässt mich jedes Mal vergessen, wo ich mich befinde. Spanien, Italien, Frankreich, Polen, es spielt keine Rolle mehr, so wenig, wie ich mich im Menschengewühl eines Bahnhofs beim Anblick eines schönen Mädchens nach deren Nationalität frage.

Auf den ersten Blick hat Krakau für mich mit Polen wenig gemeinsam. So wie Paris nicht Frankreich und New York nicht Amerika ist. Auf dem Marktplatz hört man kaum noch ein polnisches Wort, selbst die Bettler formulieren ihre Bitte um ein paar Zloty erst als Letztes in polnischer Sprache. Manchmal frage ich mich, ob die Polen ihre heimliche Hauptstadt gerade deswegen so lieben, weil sie so wenig polnisch ist, oder eben, weil sie so polnisch ist. Im Gegensatz zu Breslau, Warschau oder Danzig, Städten, die im Zweiten Weltkrieg fast völlig zerstört wurden, ging Krakau nahezu unbeschädigt aus dieser Katastrophe hervor. Als hätte selbst der Kriegsgott Halt gemacht vor dem makellosen Antlitz dieser Stadt, die es verstanden hat, ihr Gesicht zu schützen, anstatt es in stolzem Kampf zu verlieren, als ob sie gewusst hätte, was es später einmal wert sein wird.

Um jede volle Stunde ertönt vom Turm der Marienkirche der *Hejnał Mariacki*, ein Trompetensignal, das plötzlich jäh abbricht. Die Stadtführer erzählen, dass der Turmwächter während der Tatareneinfälle im Jahr 1241 von einem feindlichen Pfeil getroffen wurde, als er Alarm blies. Jedes Mal aufs Neue spielt sich diese Szene vor meinen Augen ab, wenn ich nach oben blicke, die goldblinkende Trompete suche und überlege, ob ein derart gezielter Weitschuss damals überhaupt schon möglich war oder ob er nicht doch eher aus der Feder eines polnischen Karl May stammt. Im Innern der Kirche befindet sich der berühmte Marien-Altar von Veit Stoß, der von 1477-1496 in Krakau lebte und arbeitete. Bis zu drei Meter hoch sollen die Figuren sein, und im Geiste stelle ich mich neben sie, kann mir nicht vorstellen, zu ihnen aufblicken zu müssen.

Vom Marktplatz aus betrete ich die Tuchhallen, in denen links und rechts ein Souvenirstand nach dem anderen seine Ware aufreiht. Kunstvoll verzierte Holzkisten, Holzkisten und noch einmal Holzkisten. Daneben Silber- und Glaswaren, Heiligenbildchen und naive Holzschnitzereien, wobei Sammlerstücke neben billigen Nachahmungen um die Gunst der Käufer konkurrieren. Insgesamt dominiert der Kitsch über das Handwerk, und ich ertappe mich dabei, eigentlich nur noch deswegen durch die Tuchhallen zu wandeln, weil sie einfach zu einem Krakau-Besuch dazugehören. Vor den Hallen steht ein Straßenkünstler und verkauft lustige Pappmäuse, die neben einem Kassettenrekorder zu Popmusik tanzen. Eine Traube von Menschen hat sich versammelt, rätselt, wie die Mäuse funktionieren. „Durch die Schallwellen", sagt der Künstler und lächelt viel sagend. So recht glauben will ihm keiner. Des Rätsels Lösung kostet zehn Zloty und ist eher ernüchternd. Den Papp-Mäusen liegen dünne, unsichtbare Fäden bei, die es, einer kryptischen Bedienungsanleitung folgend, unauffällig, aber gekonnt zu beherrschen gilt. Kein Wunder, dass sich einige der Mäuse in einem nahe gelegenen Papierkorb wiederfinden...

Über die Kanoniczna-Straße, der einzigen erhaltenen krummen Straße im Schachbrettmuster der Altstadt, spaziere ich zum Krakauer Königsschloss, dem Wawel. Vorher werfe ich noch einen Blick auf die Planten, jenen Grüngürtel um die Krakauer Altstadt, der Anfang des 19. Jahrhunderts angelegt wurde und die Stadtmauer ersetzte. Wie ein Ring hält er die um den Marktplatz angelegten Straßen und Gassen zusammen, verteidigt das Gesamtkunstwerk gegen den Ansturm der Autos von außen.

Hinter imposanten Mauern erhebt sich der Wawel als Wahrzeichen der Stadt mit den Türmen der einstigen Krönungskathedrale der polnischen Könige. Der sich selbst zum König stilisierende Generalgouverneur Hans Frank hatte sich hier nach dem Überfall auf Polen im September 1939 seine Residenz eingerichtet, um von dieser Erhebung aus seine Herrschaft auszuüben. Freilich, diesen Schandfleck hat sich die Stadt schnell entfernen lassen, nichts mehr erinnert heute in den Mauern des Schlosses an den ungebetenen Gast von damals, keine Tafel, kein Mahnmal, nur einige Räume aus dieser Zeit werden noch als Büros genutzt. In diesem Punkt unterscheidet sich mein Spaziergang durch Krakau von jenem durch Warschau, wo das Gedenken an die Massaker des Zweiten Weltkriegs an jeder Mauerecke durchscheint. Krakau vermag aus der Höhe des Wawels über diesen traurigen Abschnitt der polnischen Geschichte hinwegzublicken und den Touristen viel weiter zurückzuführen, viel tiefer hinein in die polnische Geschichte, als es in anderen Städten des Landes möglich wäre. Tief lassen auch die Augen jener Ritter- und Bürgerköpfe an der Decke des Gesandtensaals blicken, die mit ausdrucksstarken Gesichtern staunend auf die Menschenmassen unter sich herabsehen. Als Kind haben mir meine Eltern von ihren Polenreisen Gipsnachbildungen dieser Köpfe mitgebracht. Jedes Mal einen oder zwei Köpfe. Seitdem hängen sie in einer ähnlichen Galerie bei mir zu Hause, als Botschafter ihrer Stadt.

In den Katakomben der Krönungskathedrale suche ich die Sarkophage der beiden polnischen Dichterfürsten Adam Mickiewicz und Juliusz Słowacki auf. So wie Goethe und Schiller in Weimar ruhen sie Seite an Seite, mit posthumer Leichtigkeit an einen Ort gebettet, den sie gemeinsam nie betreten hätten. Im Gegensatz zu Goethe und Schiller haben sich die beiden Polen zu Lebzeiten nie getroffen, die Konkurrenz mied sich damals wie heute. Eine Ecke weiter liegt das Grab von Marschall Piłsudski, jenem polnischen Staatschef aus der Zwischenkriegszeit, über dessen ruhmreiche oder weniger ruhmreiche Bedeutung für das Vaterland die Meinungen bis heute auseinander gehen. Seit der politischen Wende zieren wieder Blumen den Sarkophag, in der kommunistischen Ära dagegen war die Verehrung des Grabes bis 1956 verboten und galt später als verdächtig und unerwünscht. In diesen kahlen Gängen der Katakomben im Krakauer Wawel überkommt mich das Gefühl, in den Herzkammern Polens zu wandeln. Hier fließen die historischen Adern des Landes zusammen, sind bedeutende Vertreter seiner Kultur neben Königen bestattet, die in ewiger Ruhe ihr Werk und dessen Fortschritt betrachten.

Insgeheim scheint mir Krakau froh darüber zu sein, dass die polnische Politik heutzutage in Warschau gemacht wird, auch wenn man der Stadt ihren Aufstieg zur Hauptstadt Anfang des 17. Jahrhunderts immer noch übel nimmt. Das Warschauer Stadtbild passt besser zu den Gepflogenheiten des politischen Umgangs, erscheint eher rau und wechselhaft. In der harmonisch angelegten Altstadt Krakaus dagegen mit ihrem mediterranen Flair kann ich mir Minister und Abgeordnete nur in Ausgehanzügen vorstellen. Zu groß wäre die Gefahr, den Glanz der Stadt mit den Banalitäten und Schlammschlachten des politischen Lebens zu trüben. Krakau gibt sich mit der Rolle als Kulturhauptstadt zufrieden, wohl wissend, dass es damit die Hauptrolle in Polen spielt. Das Image der Politik war in Polen nie besonders gut, das der Kultur dagegen umso besser. Wieder ein Grund, Krakau zu lieben. Aber wenn ich die Stadt verlasse, küsse ich sie nicht auf den Mund, wie eine Geliebte, sondern auf die Stirn, wie einen Engel, respektvoll.

Auschwitz

Auschwitz – das Wort gleicht einem heißen, bösartig funkelnden Stein inmitten schaler Kiesel. Ich spüre das Aufsteigen von Angst, jedes Mal, wenn sich meine Gedanken ihm annähern, zugreifen wollen, es einpferchen in die Konstruktion eines Satzes, um ihm dort einen festen Platz zuzuweisen. In meinem Geschichtsunterricht war die Hitze dieses Wortes noch erträglich, denn sie war angelernt, künstlich, Wort und Hitze verband allein der Glaube an die Ausführungen des Lehrers. Damals war es noch möglich, dem Wort die Gefährlichkeit abzusprechen und nüchterne, theoretische Überlegungen mit Freunden anzustellen: Hätte man die Luft anhalten können in der Gaskammer? Glaubten die Leute wirklich an Duschen? Wie konnte niemand etwas gewusst haben?

Der Geschichtsunterricht gab mir keine Möglichkeit, Auschwitz mit dem Namen einer real existierenden polnischen Stadt zu verbinden. Auschwitz war von Anfang an ein Monstrum von Lager, ins Leben gerufen an einem geheimen Ort in einem Land, das für mich lange Zeit nur in Schwarz-Weiß-Bildern alter Filmaufnahmen und Fotos existierte. Die Leichenberge und die Bagger, die durch sie hindurchfuhren wie durch Morast, das Lagerpersonal, die nackten Männer und Kinder, alles schwarz-weiß, unvorstellbar in Farbe. Das Wort Auschwitz versammelte in meinem Kopf alle erdenklichen Grausamkeiten des Krieges, trug die Gipfelfahne deutscher Schuldigkeit. Und wäre ich nie nach Auschwitz gefahren, so wäre die Zahl der Toten, die dieses Wort vereint, für immer eine abstrakte geblieben, eine Zahl mit Nullen, die es sich zu merken gilt. Für die Prüfung in der Schule.

Als wir 1985 auf unserer ersten Familienreise durch Polen von Krakau aus Richtung Auschwitz aufbrachen, kannte ich bereits die Gedenkstätten in Flossenbürg und Dachau, wobei sich mir Flossenbürg eingeprägt hatte als eine grüne Parkanlage, die eher zu einem Spaziergang als zu einer Gedenkfahrt einlud, und in Dachau jeder Satz unserer Führerin mit den Worten begann: „Und hier, müssen Sie sich vorstellen, standen..." Die wenigen Stunden, die ich damals mit meinen Eltern im Museum Auschwitz verbrachte, änderten meine Beziehung zu dem Wort, verbanden es mit der gefährlichen Hitze, ließen es in meinem Wortschatz einen gesonderten Platz einnehmen.

Ich habe den Gang durch die Baracken als großes Schweigen in Erinnerung. Weiß nicht mehr, ob wir geführt wurden, ob unsere Eltern uns etwas erklärten, wie das Wetter war. Ich erinnere mich noch an das dunkle Tor mit der Aufschrift *Arbeit macht frei*, das Modell der Todeswand, den Galgen auf Rädern, die Todeszelle des polnischen Priesters Maximilian Kolbe. Vor allem aber an jene großen Glasfenster in den Ausstellungsräumen, hinter welchen sich Berge von Brillengestellen und Prothesen, Kochgeschirr und Reisekoffern, vor allem aber Haare, Unmengen von Haaren, auftürmten. Als ich an diesen Glasscheiben vorüberging, verbanden sich plötzlich die Nullen der Tausenden von Todesopfern aus dem Geschichtsunterricht mit einzelnen Menschen. Ich begann zu begreifen, wie vieler Köpfe es bedurfte, um diesem Berg von Haaren einen Sinn zu geben. Das bisher so abstrakte und leere, weil angelernte Wort Auschwitz füllte sich bei diesem ersten Besuch mit dem konkreten Verbrechen an konkreten Menschen, mit konkreten Namen und Adressen, die mit Kreide auf Koffer geschrieben standen, mit Brillengestellen, Tellern, Krücken, Gehhilfen. Das ist alles, was von meinem ersten Besuch in Auschwitz geblieben ist. Mehr aufzunehmen war ich nicht fähig.

Heute, viele Jahre später, reise ich zum zweiten Mal nach Auschwitz. In einem Bus von Krakau aus, der im Sommer zu Sondertarifen das Museum anfährt und überfüllt ist mit Rucksacktouristen aus Polen, aber auch aus Amerika und

England. Auf Deutsche treffe ich nicht, obwohl sie nach den Amerikanern zu den häufigsten Besuchern des Museums zählen. Vielleicht liegt es daran, dass August ist und die Deutschen lieber im Frühjahr kommen oder im Herbst, dann in organisierten Gruppenreisen mit deutschsprachigen Reiseleitern.

Kurz vor der geplanten Ankunftszeit ruft der Busfahrer eine Station aus. Auschwitz. Unruhe macht sich breit. Eine alte Frau bahnt sich den Weg durch die Rucksäcke zum Ausgang. „Wollen Sie zum Museum?“, fragt ein polnischer Jugendlicher. „Nein, zum Einkaufen“, sagt die Frau. Und als der Bus hält, steigt sie aus. Auschwitz-Museum ist erst die nächste Haltestelle.

Der Eintritt in das Museum ist frei, nur die Führungen kosten eine Gebühr. Die Teilnehmer der Gruppen bekommen, je nach Sprache, bunte Vierecke an die Kleidung geheftet. Ich habe ein ungutes Gefühl dabei, mache mich lieber selber auf den Weg und gehe zum zweiten Mal in meinem Leben durch das Tor mit der Aufschrift. Sie erschreckt mich heute nicht mehr so wie damals, schockiert mich auf eine andere, distanziertere Art und Weise. Nichts hat sich verändert seit damals. Und doch hat sich etwas verändert. Während ich durch die Baracken gehe, scheint es mir, als führe ich zum zweiten Mal mit der gleichen Geisterbahn, ich bin vorbereitet auf das Unerwartete. Jetzt nehme ich mir die Zeit und Ruhe, die Dokumente in den Vitrinen zu studieren, die Beschriftungen der Ausstellungsstücke zu lesen, bei der einen oder anderen Gruppenführung mitzuhören. Dem konkreten Schock von damals steht heute mein Verlangen nach Information gegenüber. Jetzt erst, nachdem ich beim ersten Besuch gelernt habe, was die Nullen in Zahlen bedeuten, verspüre ich das Bedürfnis, etwas über die Geschichte des Lagers, den Tagesablauf der Gefangenen oder die technischen Einzelheiten der Vergasungen zu erfahren. All das, wofür damals kein Platz mehr in meinem Kopf geblieben war.

Wieder stehe ich in jenem Raum, in dem die abgeschnittenen Haare der vergasten Opfer aufbewahrt werden. Es gibt keinen Ort, an dem ich mich dem Zweiten Weltkrieg näher fühle. Dem Holocaust. Dem Schicksal der Opfer von damals. Heute kann ich die Haare schon näher betrachten, die Farben differenzieren, erkenne die Zöpfe von Kindern. Bis an diesen Ort habe ich jahrelang ein Gedicht von Tadeusz Różewicz in mir getragen. Vielleicht sein bekanntestes. Aber hierher, und vielleicht nur hierher, gehört es, denn hier hat er es 1948 geschrieben:

Kleiner Zopf

Als alle frauen
des transports rasiert waren
fegten vier arbeiter
mit besen aus lindenlaub
das haar zu einem haufen

Da liegt unterm sauberen glas
das spröde haar
der vergasten
nadeln und hornkämme
stecken darin

Kein licht durchleuchtet es
kein wind zerwühlt es
keine hand kein regen
kein mund berührt es

In großen kisten
ballt sich trockenes haar
der vergasten
darunter ein kleiner grauer zopf
mäuseschwänzchen mit schleife
an dem in der schule
die frechen buben zupften

Jeder Pole kennt dieses Gedicht aus seiner Schulzeit. Für mich ist es die Brücke zwischen den Nullen und den Menschen, wenn ich fern bin von Auschwitz, Hilfe brauche.

Bei meinem ersten Besuch hier habe ich Auschwitz nicht als Museum wahrgenommen. Das Entsetzen damals verhinderte jede intensivere Betrachtung, jede scheinobjektivierte Begegnung. Nun, beim zweiten Mal, bemerke ich, dass ich älter geworden bin, langsamer durch die Räume gehe als früher, Details mehr Aufmerksamkeit widme als dem Galgen, der Erschießungswand, oder der Todeszelle von Maximilian Kolbe. In einer der Vitrinen stoße ich auf einen Brief über die Lieferung von Haarmaterial an eine Firma, die das Material zu Webteppichen verarbeiten sollte. In einem anderen Saal auf das Modell einer Gaskammer, in dem der Ablauf der Vergasung in einzelnen Schritten dargestellt wird. Wieder an anderer Stelle auf Briefe und Fotos von Lagerinsassen, gemalte Bilder aus dem Lageralltag. Jede halbe Stunde wird ein Film gezeigt mit Originalaufnahmen von der Befreiung des Lagers durch sowjetische Soldaten. Obwohl der Film in verschiedenen Sprachen läuft, versteht er sich von selber. Die Bilder bedürfen keines Kommentars.

Ein Bus bringt mich vom Hauptlager Auschwitz ins nahe gelegene Vernichtungslager Birkenau. Früher gab es eine direkte Bahnverbindung zwischen beiden Lagern, noch heute sind die Schienen an manchen Stellen sichtbar. Bilder von

Birkenau, von dem hohen Wachturm und der langen Todesrampe, kenne ich bereits aus Dokumentarfilmen. In Steven Spielbergs Film *Schindlers Liste* tauchte die Rampe erstmals als Originalschauplatz in einem Spielfilm auf. Doch die Begegnung mit dem Ort lässt die Bilder verblassen. Das Lager vermittelt mir mit seinen unzähligen leer stehenden, zum Teil auch innen noch vollständig erhaltenen Baracken den Eindruck einer Totenstadt. Keine Berge von Haaren, keine Vitrinen, Beschriftungen. Nur ein langer, sehr langer, breiter Weg führt die Rampe entlang, vorbei an der endlos scheinenden Reihe von Baracken hin zu einem monumentalen Denkmal für die Opfer des Lagers. Während das Hauptlager durch die vielen Ausstellungsräume Ablenkung von der Betroffenheit bietet, lässt mich Birkenau durch seine Weite ins Leere laufen, zwingt mich zur Auseinandersetzung. Lässt mich auf den Boden stieren. Das Unvorstellbare ausmalen.

Am Ende der Rampe stoße ich auf einen Berg aus Betonplatten. Die Überreste der gesprengten Gaskammern. Das Betreten ist verboten. Daneben das Denkmal, dessen Inschrift in vielen Sprachen verfasst ist: *Dieser Ort sei allzeit ein Aufschrei der Verzweiflung und Mahnung an die Menschheit. Hier ermordeten die Nazis etwa anderthalb Millionen Männer, Frauen und Kinder. Die meisten waren Juden aus verschiedenen Ländern Europas. Auschwitz-Birkenau 1940-1945*. Das Denkmal und die Inschrift erinnern mich wieder daran, dass ich mich in einem Museum befinde.

Der Weg zurück zum Wachturm erscheint mir dann noch länger, noch quälender. Am Ende verlasse ich das Lager, wieder durch das Tor. Ein Tor, das sich nie schließt.

Lektion

Kapitelüberschrift
Der Zweite Weltkrieg
ich schreibe: 1939-1945
unterstreiche mit grünem Stift
der Lehrer hält einen Vortrag
ich höre zu
mache Notizen
Hitler marschiert in Polen ein
~~erfindet~~ errichtet
KZ's (= Konzentrationslager)
in Auschwitz werden Menschen vergast
Franz fragt: vergast mit ß?
kommt von vergessen, ruft Klara und lacht
einige lachen mit
der Lehrer blickt während des Vortrags
auf ein Manuskript
es entstehen überall neue Fronten
mein Heft geht aus
ich reiße ein Blatt aus dem Block
woher bekam Hitler bloß so viele
Soldaten für seine Kriege
ich traue mich nicht zu fragen
dann kommen die Russen
Januar 1945
befreien uns
ich setze ein Ausrufezeichen dick und fett
ausgerechnet die Russen mit bestimmt
ganz alten Panzern und ungenauen Kanonen
dann ist Schluss mit dem Krieg
Kapitulation
ein trauriges Wort

8. Mai 1945
55.000.000 Tote
was eine Null so ausmacht
wir sehen einen Film
ein Bagger baggert in Bergen aus toten
Menschen
es läutet
zwei Schüler stehen auf, weil Pause ist
der Lehrer schimpft
sie setzen sich wieder und warten
bis der Film endlich
zu Ende ist
und der Krieg
und die Stunde
wir rechnen mit einem Extemporale
nächste Stunde bestimmt
also lernen wir die Toten auswendig
55.000.000
damit wir sie nicht
vergessen

Auschwitz und ich

Bei der ersten Begegnung
vermied ich den Blick
in die Augen dieses Ortes
flüchtete mich interessiert
und betroffen in den Text
der Informationstafeln
betete ein Vaterunser
an der Todeswand
und reichte zum Abschied
dem Tor die Hand
nickte warf
dem Bettler davor
ein paar Groschen
in den Becher
erst später
als ich die Texte
schon auswendig kannte
sah ich unbefangen
Auschwitz ins Gesicht
wagte das Du

Gedicht über Auschwitz

Ich sah einen Bäckerladen
in Auschwitz und Kinder
die aus der Schule kamen

Ich beobachtete alte Frauen
die beim Obstkaufen feilschten
und Männer beim Kartenspiel

Ich hörte den Glockenturm
Mittag schlagen und das Bellen
von Hunden auf dem Marktplatz

Ich sah die Sonne in Auschwitz
und den langen Schatten
des Schildes: Zum Museum

Zakopane

Nicht immer schlägt ein Herz dort, wo es sitzt. Mag das Herz Polens in Krakau residieren, fühlbar wird sein Pulsschlag zwei Stunden weiter südlich, in Zakopane. Die Stadt wiegt sich das ganze Jahr über im Vollrausch, Sommer wie Winter, ist zum Zauberwort geworden für Skifahrer und Wanderer, Erholungsbedürftige und Fun-Besessene. Auch der Bus, mit dem ich an einem heißen Sommertag die Reise von Krakau nach Zakopane antrete, ist bis auf den letzten Platz gefüllt, ausschließlich mit polnischen Touristen, denn es ist Ferienzeit, und die Hohe Tatra ist das beliebteste Urlaubsziel in Polen. Als ich in Zakopane ankomme, finde ich zunächst nicht mehr viel vor von der Idylle jenes Kurortes, in dem sich einst die berühmtesten Dichter, Komponisten und Architekten des Landes versammelten, um sich inspirieren zu lassen von der Abgeschiedenheit der Landschaft, dem Panorama der Hohen Tatra-Berge, und von den Traditionen ihrer Bewohner, der Góralen. Auf der Hauptmeile Zakopanes, der Krupówki-Straße, reiht sich ein Imbissstand an den anderen, präsentieren sich Spielsalons, Schuh- und Modegeschäfte, Nightclubs, ein McDonald's sowie Dutzende kleiner Standverkäufer mit Sonnenbrillen, Spielzeug oder dem typischen geräucherten Schafs- und Ziegenkäse. Musikanten verschiedener Länder tanzen und musizieren für einen Obolus, zu Marmorfiguren erstarrte Pantomime-Darsteller erschrecken Kinder. Auf dem heißen Teer wälzt sich den ganzen Tag ein träger, weil dicker Strom von Touristen auf und ab, bestehend aus einer ständig wechselnden Mischung aus Besuchern, die gerade angekommen sind, die gerade abreisen oder tagsüber, statt einen Ausflug in die Berge zu machen, in der Stadt geblieben sind.

An die kulturelle Vergangenheit dieses Ortes erinnert in diesem Treiben allein ein traditionell gekleideter Górale, der sich zusammen mit einem ausgestopften Bären und einem gelangweilten Bernhardiner gegen Geld zum Fotografieren anbietet. Daneben stehen ein paar Kutscher in Zakopaner Tracht mit gestriegelten Pferden und versuchen, mit ihren Góralen-Taxen ebenfalls einen Hauch alter Zeiten zu retten.

Ein paar Meter entfernt vom Zakopaner Ballermann, in der Kościelska-Straße, kehrt endlich Ruhe ein, werde ich mit kunstvoll gebauten Holzhäusern im typischen Zakopane-Stil und einer alten Holzkirche für den Rummel auf der Krupówki-Straße entschädigt. Auf dem idyllischen Friedhof mit zahlreichen aus Holz geschnitzten Grabmälern finde ich die letzte Ruhestädte von Stanisław Witkiewicz, jenem Dichter und Architekten, der den Zakopaneer Baustil mit seinen spitzen Holzdächern und manigfaltigen Verzierungen entwickelt und die kulturelle Blütezeit des Ortes gegen Ende des 19. Jahrhunderts maßgeblich mitgeprägt hat. Neben einigen wenigen Holzhäusern bemühen sich auch ein paar kleine Museen, dem fröhlichen Treiben im Zentrum der Stadt das Gedenken an jene Künstler von einst entgegenzuhalten, doch das Wetter muss schlecht sein, damit sie als ernsthafte Alternative für eine Wanderung in die Berge oder eine Floßfahrt durch die Stromschnellen des Dunajec dienen können. Außer einem Museum für den polnischen Komponisten Karol Szymanowski finde ich in dem ehemaligen Wohnhaus des Dichters Jan Kasprowicz ein Kleinod jener Zeit, als Zakopane noch das „polnische Davos“ genannt wurde. Das in typischem Zakopaner Stil gebaute Haus liegt eine halbe Stunde Fußweg vom Stadtzentrum entfernt an einem kleinen Flüsschen, wo sich Kasprowicz im Jahr 1924 endgültig niederließ, um täglich das Panorama der Tatra bewundern zu können. Seine neue Heimat begrüßte er einst mit den Versen: „Ich grüße euch, meine Berge / Auch dich, du mein lieber Fluss! / Jetzt bin ich wieder bei euch / Bin so weit weg gewesen!“

In der Nähe seines Wohnhauses, in einem kleinen Park neben einer Kirche, befindet sich auch die letzte Ruhestätte des Dichters und seiner Frau, die beide in einer mächtigen Krypta beigesetzt sind.

Am nächsten Tag mache ich mich auf zu einer Wanderung zum *Morskie Oko*, dem *Meeresauge*. Früher glaubten die Einheimischen, dieser hoch gelegene See in den Bergen sei durch eine geheimnisvolle unterirdische Verbindung mit dem Meer verbunden, weshalb sie ihm diesen Namen gaben. Heute allerdings entbehrt die Wanderung dorthin jeder Geheimniskrämerei. Die neun Kilometer lange Strecke zum See lege ich im Rucksackkonvoi mit Hunderten von Touristen zurück und frage mich, ob es einen Radiosender gibt, der die Staumeldungen übermittelt. Die Schilder mit Warnungen vor Bären, die sich angeblich den Touristen nähern, erscheinen mir in dieser geselligen Umgebung schon eher als Anreiz zum Warten denn als Mahnung zur Vorsicht. Trotzdem. Hinter dem Gasthaus am See verlieren sich die Wanderer. Die einen kehren nach einem kurzen Stopp wieder um, andere legen sich am Ufer des Sees in die Sonne. Ich mache mich auf, das Auge auf einem schmalen Wanderpfad zu umrunden, und bekomme in der Stille doch noch die Macht der Schönheit dieses einzigartigen Sees zu spüren. Wie zur Bewachung erheben sich an den Ufern des Sees steil die Berge der Hohen Tatra, allen voran die *Meeraugspitze*, polnisch *Rysy*, die mit 2499 Metern der höchste Berg Polens ist. Gelassen, vielleicht sogar schadenfroh blicken die Berge auf die sich am Nordufer des Sees tummelnden Touristenmassen, die ihnen wie Eintagsfliegen vorkommen müssen in ihrer Schnelllebigkeit.

Zakopane und seine Umgebung offenbaren sich mir nur vordergründig mit einem vom Tourismus entstellten Gesicht. Je weiter ich mich von den gängigen Touristentrassen entferne, entwickelt die Landschaft um den Ort ein Flair, wie es wohl einmalig in Polen ist. Endlose kleine Wanderpfade locken von beiden Seiten der Hauptwege, sich an abgelegenere Orte verführen zu lassen, abzubiegen und vielleicht wahrhaftig einmal jenen Bären zu begegnen, über die man sich im Pulk noch amüsierte. Die lange Warteschlange für einen Platz in der Gondel auf den Gipfel des *Kasprowy Wierch* wird zur Nebensache, wenn bei schönem Wetter Zakopane wie ein Goldstück im Tal erstrahlt und den Wanderer bei seiner Tour über den Bergkamm begleitet. Auch hier oben, in über 1900 Metern Höhe, verlieren sich die Massen spätestens dort, wo das Schieben von Kinderwagen unmöglich wird.

Eine der Hauptattraktionen in der Umgebung von Zakopane ist eine Fahrt auf Holzflößen durch die Schluchten des Dunajec-Flusses. Als zwei kräftige Góralen das aus mehreren schmalen Kammern bestehende Holzfloß mit zwei schweren Holzstöcken vom Ufer abgestoßen und in seine Bahn gelenkt haben, verflüchtigt sich mit einem Mal der schale Beigeschmack, den die Reisebusse am Parkplatz noch in mir hervorgerufen hatten. Dem unruhigen Treiben an der Ablegestelle weicht das plätschernde Eintauchen der Stöcke, die nach einem guten Meter auf Grund stoßen und so dem Floß die Richtung durch die schnellen Stromschnellen vorgeben. An den Ufern erheben sich schon nach wenigen Metern links und rechts die steilen Hänge der Beskiden, durch die sich der Fluss in scharfen und unvorhersehbaren Kurven windet und dabei gleichzeitig seiner Rolle als Grenzfluss zwischen Polen und der Slowakei gerecht wird. Die beiden Flößer schließen mit uns Wetten ab, zu welchem Land der jeweils vor uns liegende Berg gehört. Und gewinnen meistens. Nach zweieinhalbstündiger Fahrt legt das Floß in dem kleinen Dorf Szczawnica an, von wo aus uns ein Bus zurück nach Zakopane bringt.

Auf der Krupówki-Straße sitzt am Abend noch immer der gelangweilte Bernhardiner mit seinem Herrchen und hängt seine Zunge geduldig in die Kameras. Daneben führt eine Gruppe von Chinesen in traditionellen Trachten Volkstänze ihres Landes auf. Und so werde ich Zakopane in Erinnerung behalten, als einen kunterbunt geschminkten Clown, der sein wahres Gesicht hinter einer Maske versteckt. Es liegt am Publikum, ob es sich blenden lässt von der Fassade oder sich aufmacht, einen Blick dahinter zu werfen.

Meeresauge

Vielleicht trieb die Neugier das Meer
vielleicht die Fantasie der Góralen
in stürmischen Nächten hinaus
einen Blick in die Berge zu werfen

Glasaugenklar liegt der See im hohen Tal
steinern erhebt sich die Stirn zu den Gipfeln
ein paar Fliegen mit Rucksäcken kitzeln
am Ufer die buschigen Wimpern

Die schwarze Pupille verengt sich im Licht
öffnet sich grundlos dem Himmel
die Berge staunen wie klein
ihre Spitzen doch eigentlich sind

New Silesia

Früher war alles anders
sagt die alte Frau
jej syn kręci głową
the grandchild listens to techno-music

Früher war alles anders
sagt die alte Frau
syn nie odpowiada
and the boy can’t hear

Sie halten einander
stumm an den Händen
gelebte, lebende und kleine
die Musik wird lauter

Der Junge drängt zum Tanz
folgt dem Ruf des Taktes
und reißt sich los
vom Staub der Geschichte

Früher war alles anders
sagt die alte Frau und stirbt
syn czuje się samotny
and the boy feels free

Schlesische Weise

Hin und Her
schaukelt die Tonleiter
im Wind
der Nationalhymnen

und sucht vergeblich
den Augenblick
der Balance
zwischen den Extremen

Fremd in Nikischschacht

Drei Rosen
am Eingang
ein Glockenschlag
sonst nichts

Schwarzbrauner Wind
streunt durch die Gassen

Aus den roten Fensterrahmen
blicken täglich die gleichen Gesichter
alter Frauen
mit Putzlumpen in den Händen
und verängstigtem Blick
zu den Grubenschächten über den Dächern

Ich spüre dein Lächeln im Nacken
über meinen Anzug
meine gepflegten Schuhe
und den Fotoapparat

Versuche vergeblich
mich in deinen Armen zu verlaufen
mich zu verstecken
in deinen Höfen und Treppenaufgängen

Doch wohin ich auch gehe
ich bleibe Fremder
in deiner Welt
sich liebender Schornsteine
und verstaubter Küsse

Drei Rosen
am Ausgang
ein Glockenschlag
sonst nichts

Kattowitz

Es führt kein Weg
um die Schwärze
deiner Bäume, deiner Zebrastreifen
selbst die Lippenstifte deiner Frauen
küssen dunkler

Schwarzer Staub
auf der Visitenkarte
dein Name schwarz auf grau
die Buchstaben blicken
ein wenig verschämt
Richtung Osten

Im Gesicht
entzündete Pickel
keinen Grüngürtel
um die Hüfte

Du hast dich daran gewöhnt
an den Spott der Fremden
den Schatten der Nachbarn

ziehst gelassen den Rauch
durch die Schornsteine
Liebe hat mit Schönheit
nichts zu tun

Lubowitz

Roter Stein
zwischen Brennnesseln
abseits der Landstraße

Dornenhecke aus Wald
noch blinzeln die Augen
der Ruine verschlafen

Ihr träumte vom Dichter
von alter Zeit
von Sehnsucht und Mond

Nur die Stille
ist dieselbe geblieben
die Hasen in der Allee

Eine Coladose im Gras
eine Plastiktüte
ein Liebespaar unter den Bäumen

findet Abgeschiedenheit
ein Wanderer
scheucht die Vögel auf

Roter Stein
zwischen Brennnesseln
Keinen Dichter lässt die Heimat los

Sein Wort
fühlt sich unbeobachtet
wohl

Zwei Seelen wohnen ach in dieser Stadt... Und die Entscheidung für eine von beiden wird verlangt. Immer. In Deutschland. In Polen. Im Reisebüro, am Bahnhofsschalter, im Buchhandel, wo auch immer. Breslau oder Wrocław? Sage mir, welchen Namen du benutzt, und ich sage dir, auf welcher Seite du stehst. Und jedes Mal winde ich mich um diese Entscheidung herum, benutze mal diesen, mal jenen Namen, weiß schon selber nicht mehr, wie es sich gehört. Gehört es sich überhaupt irgendwie? Dieser Streit hat längst seinen Reiz verloren, seine politische Brisanz, denn die Parteien der Streithähne haben sich aufgelöst, die Älteren kämpfen nicht mehr, die Jüngeren suchen eher eine praktische als historische Lösung. Aber irgendwie muss man die Stadt ja beim Namen nennen. Vielleicht Breslaw.

In den vergangenen Jahren konkurrierten Berlin und Breslau verbissen um den Titel „größte Baustelle der Welt". Dann hat Breslau eines Tages aufgegeben. Die 1000-Jahrfeier stand vor der Tür, konnte nicht verschoben werden. Außerdem war man allen Prognosen zum Trotz fast fertig geworden. Das Gerüst am Bahnhof wurde eingepackt, der Piłsudski-Ring dem Verkehr übergeben, die Schweidnitzer Straße begehbar gemacht und – der Rathausplatz den Blitzlichtern überlassen. Jetzt sind die prunkvollen, auf das ganze Jahr 2000 verteilten Feiern längst vorbei, nur in einigen vergessenen Ecken finde ich noch ein vergilbtes Plakat, das vom Jubiläum übrig geblieben ist. Auf dem Bild ist ein Frauenkopf mit Sonnenbrille abgebildet, in der sich die Landkarte Europas widerspiegelt. Die Frau trägt eine Krone mit der Fassade des berühmten Rathauses und den Kirchtürmen vom Dom St. Johannes. Darunter steht geschrieben: *Treffen wir uns in Wrocław!* Während ich noch das Plakat studiere, bleibt hinter mir eine ältere Frau stehen. „Die Stadt heißt

Breslau und nicht Wrocław!" Geht weiter. Ich sage nichts. In keiner anderen heute polnischen Stadt begegne ich so vielen deutschen Reisebussen wie hier. Die Mehrzahl der Touristen hat die Entscheidung für eine der beiden Seelen dieser Stadt längst getroffen. Breslau. Die Erinnerung an die Kindheit hat ihnen die Entscheidung aufgezwungen. Nun, wo es möglich geworden ist, kehren sie in hohem Alter zurück, um noch einmal Kind sein zu dürfen. Die meisten Teilnehmer der Gruppenreisen wurden hier geboren, gingen hier zur Schule und wurden dann nach dem Krieg aus ihrer Heimatstadt vertrieben. Vertrieben aus ihrer deutschen Stadt Breslau, nicht aus dem für sie unaussprechlichen polnischen Wrocław. Für viele ist es der erste Besuch seit Kriegsende in ihrer Heimatstadt, und trotz Vorbehalten gegenüber Polen sind sie positiv überrascht von den Farben und dem Leben in der Stadt. Das polnische Breslau hatten sie sich doch ganz anders vorgestellt. Irgendwie trauriger, verwahrloster. Fast möchten sie sich hier wie zu Hause fühlen, ja wenn, wenn nur der neue Name nicht wäre... Für mich dagegen sind die beiden Namen austauschbar. Keiner ist an die Erinnerung gekettet, das macht die Entscheidung so schwer.

Meine Beziehung zu Breslau war keineswegs Liebe auf den ersten Blick. Als ich in den 80er-Jahren die Stadt mit meinen Eltern besuchte, irrten wir über eine Stunde mit dem Auto durch die zahllosen Einbahnstraßen, um letztendlich ein Taxi mieten zu müssen, das uns vorausfuhr. Obwohl die Stadt auf dem Plan recht ordentlich aussieht, werde ich bis heute das Gefühl nicht los, dass sich die Straßen und Gassen von Mal zu Mal verschieben, umstellen, Namen austauschen. In keiner anderen polnischen Stadt habe ich mich so oft verlaufen wie in Breslau, von keiner besitze ich so viele Stadtpläne zu Hause. Aber mit der Zeit habe ich mich mit der – oder meiner – Orientierungslosigkeit abgefunden und mir ein paar unverrückbare Schneisen durch das Labyrinth geschlagen. Dabei half mir die Vorstellung der Schweidnizer Straße als Wirbelsäule, die über den Marktplatz als Herz der Stadt Richtung Kopf verläuft, der in Form der Dominsel ein würdiges, freilich katholisches Haupt der Stadt bildet. Obwohl ich mich, wenn ich mit dem Zug anreise, der Stadt von hinten her nähere, hat der im Tudorstil erbaute Bahnhof nach seiner Renovierung keineswegs etwas mit einer Kehrseite zu tun. Im Gegenteil, er bietet dem Besucher einen würdigen Empfang. Der Weg zum Marktplatz über die Schweidnitzer Straße ist ein Panoptikum des Nebeneinanders von Jung und Alt, konservativ und modern, Arm und Reich, das Polens Charakter in dieser Zeit ausmacht. Die Schweidnitzer Straße hat zunächst nichts von der Eleganz der Floriańska-Straße in Krakau, sie wirkt eher unaufgeräumt, unfrisiert, Lockenwickler im Haar neben zierlichen Ohrringen. Erst nach der Unterführung, quasi auf der Ziellinie, stellt sie sich in Positur, nimmt Haltung an für die letzten Momente, bevor den Touristen beim Anblick des Marktplatzes plötzlich eine einzige Frage durch den Kopf schießt: schöner als Krakau? Auch hier jedenfalls ist aus der Baustelle ein Schmetterling geschlüpft, dem ich mit der Zeit den Irrgarten drumherum verziehen habe. Freilich, der eine oder andere Fleck hat sich eingeschlichen zwischen die geschlossenen Reihen der wiederaufgebauten Bürgerhäuser, aber der Wiedergeburt einer alten Schönheit in neuen Farben tut dies keinen Abbruch. Besonders angetan haben es mir zwei kleinere Häuser an der Nordwestecke des Platzes, die im Volksmund „Hänsel und Gretel“ genannt werden und die, als würden sie Händchen halten, mit einem Barocktor verbunden sind. Im Innern betreibt ein alter Breslauer Grafiker sein Handwerk, meist hinter verschlossenen Türen, um sicherzugehen, dass niemand die Zeit in Bewegung setzt, die anzuhalten ihm in seiner Werkstatt gelungen ist. Draußen dagegen läuft die Zeit weiter, hält auf der anderen Seite des Platzes, an der Ostfassade des gotischen Rathauses, eine astronomische Uhr in Bewegung. Polenvergessen steht unter ihr eine Klasse deutscher Schüler und betrachtet voller Bewunderung das farbenprächtige Kunstwerk. Um Paris oder London beneiden sie keinen ihrer Kameraden, schließlich ist Polen doch viel weiter weg und viel gefährlicher. Umso überraschter sind sie, wenn sie von den Lehrern erfahren, dass in dieser Stadt die deutschen Dichter Hofmann von Hoffmannswaldau und Angelus Silesius oder der Begründer der Sozialdemokratie, Ferdinand Lassalle, geboren wurden. Doch die vergangenen Zeiten setzen sich nicht durch gegen den Trubel auf dem Platz, die Schmuckgeschäfte, Drehorgelspieler, Fastfood-Restaurants oder Edellokale. Alles steht nebeneinander, bietet sich unüberhörbar an, übertönt das leise Flüstern, das ich in Warschau und Krakau noch vernehmen kann. Die Stadt ist herausgetreten aus den Schatten der Vergangenheit, die die Zerstörungen im Krieg und die Vertreibung der deutschen Bewohner nach 1945 über sie gelegt haben. Sie schaut nicht zurück mit dem Blick der Touristen aus den Bussen, sondern nach vorne, mit dem europäischen Blick der Jugend, die sich auf dem Marktplatz um einen Händler schart, der an einem kleinen Stand Modeschmuck verkauft.

Hinter der berühmten Breslauer Universität betrete ich über eine kleine Brücke die Sandinsel, auf deren Grünflächen sich Studenten tummeln, Prüfungen vorbereiten oder auf der Wiese liegend in den Himmel starren. Hier gibt es keinen Unterschied mehr zwischen Deutschland und Polen, das Bild, das sich mir bietet, hat ein europäisches Gesicht, in dem die nationalen Züge verblasst sind, weil sie niemand mehr schminkt. Auch im alten Breslauer Dom, der dem Schutzpatron der Stadt, Johannes dem Täufer, geweiht ist, begegne ich dem Wandel der Zeit. Links neben dem Eingang zur Kirche weist mir ein Pfeil den Zugang zu einem Aufzug, der mich für ein kleines Entgelt in die Höhen des Kirchturms trägt. Stolz erzählt mir der nicht mehr ganz junge ‚Liftboy' während der Fahrt, dass dieser Aufzug, der erst seit wenigen Jahren existiert, der einzige seiner Art in einem polnischen Gotteshaus ist und dass bei seiner Installation nicht ein Stein alter Bausubstanz beschädigt wurde. Ich bin allein in der kleinen Kabine, doch der ältere Herr spricht, als stünde er vor einer versammelten Touristengruppe, verliert sich in seinen Ausführungen über den Aufzug, als spräche er über sein Leben. Irgendwann ist die Fahrt zu Ende und er entlässt mich mit einem Seufzer auf die Aussichtsplattform. In jeder anderen Stadt müsste ich diesen herrlichen Blick mit zahllosen Besuchern teilen, Schlange stehen auf dem schmalen Weg um den Turm. Aber den Aufzug gibt es noch nicht so lange, und die Gruppenreisen machen hier meist nur einen kurzen Stopp, um sich das Innere der Kirchen anzusehen. Irgendwo habe ich gelesen, dass Breslau nach Sankt Petersburg und Venedig die Stadt mit der drittgrößten Anzahl von Brücken sei. Erst jetzt, mit dem Blick auf das Netz aus Wasser, das die Stadt wie Adern durchfließt, kann ich es glauben. Es ist totenstill hier oben, nicht einmal der Wind weht seine übliche monotone Melodie. Ich hätte Lust, hier und jetzt die Geschichte dieser Stadt aufzuschreiben, aus der Vogelperspektive, so nackt und deutlich liegt sie vor mir. Unten, am Boden, erscheint mir die Geschichte Breslaus immer verworren, vielsträhnig, undurchschaubar. Hier oben dagegen klar, in sich ruhend, ohne größere Erschütterungen und Einbrüche. In nordöstlicher Richtung, irgendwo hinter dem Horizont, liegt Warschau. Die wenigen alten Breslauer, die hier noch leben, blicken nicht gerne in diese Richtung. Als die politischen Machthaber nach dem Krieg anordneten, die zerstörte Hauptstadt wieder aufzubauen, wurden nicht wenige Steine dafür aus Breslau abtransportiert. Eine Steintransplantation, die niemand hier verzeiht. Aber die Stadt hat sie überlebt, geht nun ihre eigenen Wege, lässt die Vergangenheit in Frieden und blickt nach vorne. In den Westen. Wo ich vom Kirchturm aus Schornsteine rauchen sehe...

Oder

*

Als Kind mochte ich keine Grenzübergänge. Ich fürchtete mich sogar ein wenig vor ihnen. Dabei spielte es keine Rolle, in welches Land wir in die Ferien fuhren. Ob nach Italien, Frankreich, Jugoslawien oder Polen. Das Übertreten der Grenze hatte für mich den Charakter einer Prüfung, die es zu bestehen galt, um ein bestimmtes Ziel zu erreichen. Allerdings konnte ich für diese Prüfung nicht viel tun, außer zu hoffen, dass mit meinem Ausweis alles in Ordnung war. Zu Hause bewahrte mein Vater die Ausweise für uns Kinder in einem verschlossenen Schränkchen in seinem Arbeitszimmer auf. Erst wenige Kilometer vor der jeweiligen Grenze bekamen wir sie im Auto nach hinten gereicht mit den üblichen Instruktionen: die Seite mit dem Foto aufschlagen und gegen das Fenster halten, freundlich lächeln und keinen Unfug machen. Mit dem letzten Durchwinken des Beamten an der Grenze begann dann der Urlaub. Allein die ungewohnten Straßenschilder strahlten eine Exotik aus, die sich sofort auf unsere Stimmung im Auto übertrug. Fast immer fuhren wir am ersten Rastplatz ab, machten ein Picknick und planten enthusiastisch die bevorstehenden Tage im Ausland. Wurde die Grenze auf der Heimfahrt überschritten, freuten wir uns, die vertrauten Farben der Straßenschilder wiederzusehen, den Autokennzeichen wieder Städte zuordnen zu können und überhaupt, bald zu Hause zu sein und unsere Freunde zu treffen. Jede Grenzüberfahrt kam dem Umlegen eines Hebels gleich, dem Öffnen eines Tores von einer Welt in eine andere und wieder zurück. Natürlich war die Aufregung größer, wenn wir nach Polen fuhren oder Jugoslawien, wenn meine Eltern Bierflaschen und Coladosen im Handschuhfach bereithielten, um auf diese Weise die Zollabfertigung zu beschleunigen. Doch letztlich war nur die Methode eine andere. Das Ziel immer dasselbe. Zutritt zu bekommen in ein anderes Land.

Als ich Mitte der 90er-Jahre nach Frankreich reiste und auf keine Grenzkontrollen mehr stieß, vermisste ich dieses Gefühl früherer Grenzübertritte, die Anspannung, die sich immer so befreiend aufgelöst hatte, wenn die Formalitäten hinter mir lagen, das Durchwinken des Grenzers, der mir, als wollte er dem Auto einen Klaps versetzen, eine gute Reise zu wünschen schien. Selbst das einstige Warten in der Schlange erschien mir plötzlich als etwas Exotisches, Spannung Verheißendes, das mir nun fehlte. Es gab keinen Grenzbalken mehr, der mir zeigte, wo die eine Kultur aufhörte und die nächste anfing, ab wann meine Sprache nichts mehr zu sagen hatte und mein Geld nichts mehr wert war. Gleichgültig ließ mich die Grenze passieren, tarnte sich als Baum oder Haus, verspielte sich in den Wellen des Flusses, unsichtbar, desinteressiert an jedem, der über sie hinwegfuhr. Selbst als ich mir die Vorteile einredete, die diese unsichtbare Grenze mit sich brachte, mir vorhielt, wie viel Zeit und Aufregung ich mir auf diese Weise ersparte, empfand ich diese Art des Grenzübertritts als unromantisch, den Eintritt in das neue Land als langweilig, unspektakulär, als hätte jemand die Luft aus einem Ballon gelassen.

Im Vergleich zu dieser unsichtbaren Westgrenze gleichen meine Grenzübertritte nach Polen noch immer einem kleinen Abenteuer. Auch wenn die Bierflaschen aus dem Handschuhfach längst verschwunden sind und die Grenzbeamten nicht mehr, wie in alten Zeiten, darauf bestehen, mit ihrem Finger den Boden des Kofferraums berühren zu dürfen, weckt allein schon die Tatsache, dass ich meinen Reisepass nicht vergessen darf, in mir aufregende Auslandsgefühle. Vorfreude stellt sich ein, und ich rufe mir Bilder ins Gedächtnis, die mich einstimmen, mich entführen aus dem vertrauten Alltag zu Hause in die Welt des Nachbarn nebenan. Der Grenzbalken wird zur Türklinke in ein Haus, das mir offen steht, aber mich noch wahrnimmt beim Eintreten, registriert, mich begrüßt und wieder verabschiedet. Es gibt noch kein beliebiges Rein und Raus wie im Westen, wo ich selber fragen muss, wo ich mich befinde. Die Grenze zu Polen hat noch etwas Trennendes, ohne Hindernis zu sein, ich muss sie nicht überwinden, aber durchschreiten. Das gefällt mir.

*

Grenzübergang Zgorzelec-Görlitz, Frühjahr 2002, kurz nach Mitternacht. Der Linienbus zwischen Oppeln und Regensburg biegt um die scharfe Kurve hinein in die breite Straße, die direkt zum Grenzübergang Zgorzelec-Görlitz führt. Nur noch in Ausnahmefällen wählen die Busse diese Route, seitdem es den Grenzübergang in Ludwigsdorf gibt. Die Geschäfte links und rechts der Straße sind hell beleuchtet, Menschen gehen und stehen auf den Bürgersteigen, trinken Tee, rauchen eine Zigarette oder essen ein Sandwich. Der Action-Film in den kleinen Fernsehern im Bus bricht plötzlich mitten im Schusswechsel ab, ein Blitz ersticht das Bild, dann färbt sich der Bildschirm schwarz und der Busfahrer stellt den Motor ab. „Szanowni Państwo, jesteśmy w Zgorzelcu, na przejściu granicznym do Niemiec. Verehrte Damen und Herren, wir sind in Görlitz, am Grenzübergang nach Deutschland.“ Die Durchsage reißt einige Mitreisende aus ihren Träumen, die sich mit Ohrenstöpseln und Zudecke der Geräuschkulisse des Films entzogen hatten, um schon vor der Grenze ein paar Stunden zu schlafen. Augen werden gerieben, Arme und Beine in ordentliche Stellungen gebracht. Vor uns stehen noch vier Busse. Ungefähr eine Stunde, schätzt der Fahrer, wird es, wenn alles gut läuft, bis zur Abfertigung dauern. Wer aussteigen möchte, soll den Bus im Auge behalten und rechtzeitig wieder zurück sein. Öffentliche Toiletten befinden sich circa hundert Meter weiter vorne, der Preis beträgt einen Zloty oder 25 Cent. Die Durchsagen im Bus macht der Fahrer in beiden Sprachen, aber durch die deutsche Version quält er sich mit oberschlesischem Akzent. Dann öffnen sich die Türen, am hinteren Ausgang bereitet der Beifahrer heißen Tee zu.

Ich mag diesen Grenzübergang, fühle mich wohl hier zwischen den Sprachen, den Währungen, den Autos mit schwarzen und weißen Nummernschildern. In den vergangenen Jahren habe ich diesen Grenzübergang so häufig mit dem Bus passiert, dass mich selbst die Frau hinter dem kleinen Tischchen in der öffentlichen Toilette schon herzlich grüßte. Ich kenne die Fahrer der Busse, das Repertoire der Videokassetten, die Verkäufer in den kleinen Läden und Imbissstuben. Ich fühle mich heimisch, wenn ich aus dem Bus hinaustrete auf das Pflaster, mit heißem Tee in einem Pappbecher den Bürgersteig leicht abwärts spaziere, die Souvenirs und Plüschtiere in den Schaufenstern betrachte, wieder umdrehe, die Straße aufwärts laufe, am Bus vorbei, ein wenig höher bis zur Kreuzung, und wieder zurück. Diese Straße unterliegt keiner Veränderung, bleibt sich treu, während die Länder, die sie verbindet, stetig nach Neuem streben. Nur der Euro als Zahlungsmittel zieht meine Neugier auf sich, bringt ein wenig Aufregung in meinen routinierten Grenzgang. Wie viel Zloty sind ein Euro? Meine Umrechnung führt zwangsweise über die D-Mark, ich runde zweimal und habe Zweifel am Ergebnis. Hier, an der deutsch-polnischen Grenze, hört die Einheit vorerst auf. Vielleicht klingt der Euro auch deshalb irgendwie halbfertig, wartet noch auf das -pa, das ihn erlöst.

Es ist kalt, und der Dampf des Tees aus den Bechern der Wartenden formt Gespenster in die Luft. Fast alle Reisende, die ihre Busse verlassen haben, stehen in kleinen Gruppen und rauchen Zigaretten, Männer wie Frauen. Die meisten unterhalten sich auf Polnisch, obwohl viele von ihnen später bei der Grenzkontrolle deutsche Pässe vorzeigen werden. Niemand fragt sie mehr, ob sie sich als Deutsche oder Polen fühlen. Längst haben sie zwei Pässe, und ihre Antwort liegt irgendwo dazwischen.

Ich steige wieder ein und warte auf die Abfertigung im Bus. Meter um Meter rollt er die abfallende Straße hinunter, nähert sich lautlos dem Grenzübergang. Bald wird ein polnischer Grenzbeamter zusteigen, die Pässe einsammeln und in einem Häuschen verschwinden. Wenn er zurückkommt, wird der Busfahrer die Namen der Reisenden aufrufen und ihnen die Ausweise zurückgeben. Meinen Vornamen wird er auf der ersten Silbe betonen, am Nachnamen sich die Zunge brechen. Dann wird der deutsche Grenzbeamte die Pässe kontrollieren und der Zoll durch den Bus gehen. Vielleicht müssen wir alle aussteigen, um unser Gepäck aus dem Laderaum für die Kontrolle zu öffnen. Das ist unwahrscheinlich, aber möglich. Vielleicht geht es auch schneller, und der Bus kann schon nach wenigen Minuten die Grenze passieren. Dann werden die Lichter ausgehen, der Fahrer wird eine gute Nacht wünschen und die Reisenden sich wieder ihren Träumen hingeben. Vielleicht wird jemand schnarchen oder ein Kind schreien, irgendwo zwischen den Sprachen, wo es keine Worte gibt. Ich werde mir vorstellen, auf einem Pendel zu sitzen, das sich hin und her bewegt, von Deutschland nach Polen und von Polen wieder nach Deutschland, immer über die Grenze hinweg, die zu mir heraufblickt und sich fragt, wohin ich eigentlich gehöre. Darüber werde ich einschlafen.

*

Es gibt keinen passenderen Namen für einen Grenzfluss als Oder. Nur die Fische müssen sich nicht entscheiden, an welchem Ufer sie leben wollen.

Meine Großmutter ist zurückgekehrt von ihrer Reise nach Oberschlesien, von ihrem Ausflug in die alte Heimat jenseits des Flusses. Sie hat die Reise nicht bereut und ihre Sehnsucht gestillt, nicht geweckt. Weil sie ihrer Seite treu geblieben ist, musste sie nach dem Krieg das Ufer wechseln, dort hat sie Ruhe gefunden. Meine Eltern haben später versucht, von Deutschland aus beiden Seiten gerecht zu werden, beide Traditionen und Kulturen zu leben, sich Schlupflöcher zu bohren durch den Eisernen Vorhang, bis er sich hob.

Vor mir steht die Brücke als Ausweg. Sie hat den Fluss überlistet und bietet sich an als Verbindung zwischen beiden Seiten, als Und zwischen Deutschland und Polen. Während ich in ihrer Mitte verweile, dort, wo die Länder sich berühren, folgt mein Blick dem Lauf des Flusses in die Ferne. Irgendwo am Horizont fließt das Wasser in den Himmel, der beide Seiten in seine Wolken hüllt, als wären Grenzen nur menschlich.

Grenzfälle

Du findest sie nicht
im Ja oder Nein
links oder rechts
oben oder unten

Sie sind nicht
gut oder böse
schön oder hässlich
heiß oder kalt

Sie entweichen dir
wenn du sie festlegst
Klarheit erwartest
oder eine Lösung

Nur auf dem Weg
begegnest du ihnen
auf der Geraden
zwischen den Enden

Oder

Neben dir
stehen immer
zwei Alternativen

Grenzwort
Grenzfluss

Deutschland
Oder
Polen

Entweder
Oder
eine Brücke

Heimat

Grundsteine
im Gepäck
reise ich
von Ort zu Ort
und baue
immer wieder
neu

Ojczyzna

Kamień węgielny
w plecaku
przenoszę się
z miejsca na miejsce
i wznoszę
nieustannie
na nowo

Übersetzungen und Erläuterungen

Die Verwendung deutscher statt polnischer Ortsnamen hat keinen politischen Hintergrund. Sie dient lediglich als Erleichterung für den deutschen Leser.

S. 11: *Sto lat, sto lat, niech żyje żyje nam...*
Hundert Jahre, hundert Jahre soll er leben...
– traditionelles polnisches Geburtstagslied

Wśród nocnej ciszy
Inmitten nächtlicher Stille
– polnisches Weihnachtslied

Bóg się rodzi
Gott ist geboren
– polnisches Weihnachtslied

Mazowsze
– bekanntestes polnisches Tanz- und Folkloreensemble

S. 12 Jerzy Andrzejewski (1909-1983), Prosaautor, sein bekanntester Roman *Asche und Diamant* (*Popiół i diament*, 1948) wurde 1958 von Andrzej Wajda mit dem „polnischen James Dean“ Zbigniew Cybulski in der Hauptrolle verfilmt.

Jarosław Iwaszkiewicz (1894-1979), Autor von Gedichten, Romanen, Erzählungen und Dramen, war 1918 einer der Begründer der polnischen Dichter-Gruppe „Skamander“, seit 1955 Chefredakteur der führenden literarischen Zeitschrift *Schaffen* (*Twórczość*).

Konstanty Ildefons Gałczyński (1905-1953), Dichter, Satiriker, Übersetzer, Autor absurder Feuilletons und Stücke, gilt als ein Meister der sonderbaren Verbindung zwischen Alltag und Fantastik in seinem Werk, genießt bis heute hohe Popularität in Polen.

Adam Mickiewicz (1798-1855), Polens größter Nationaldichter, dessen romantische Gedichte, Balladen, Sonette und Dramen als unübertroffene Meisterwerke der polnischen Sprache gelten und zur Weltliteratur zählen, darunter sein Nationalepos *Herr Thaddäus* (*Pan Tadeusz*, 1834) und das Drama *Totenfeier* (*Dziady*, 1832).

Henryk Sienkiewicz (1846-1916), Verfasser zahlreicher historischer Romane, darunter *Quo vadis* (1896) und die Trilogie *Mit Feuer und Schwert* (*Ogniem i mieczem*, 1884), *Sintflut* (*Potop*, 1886) und *Herr Wołodyjowski* (*Pan Wołodyjowski*, 1888). Schrieb auch den sehr populären Jugendroman *Durch Wüste und Wildnis* (*W pustyni i w puszczy*, 1911), auf den hier angespielt wird. Erhielt für *Quo vadis* als erster polnischer Schriftsteller 1905 den Literaturnobelpreis.

S. 13 barszcz – klare Rote-Rüben-Suppe
krupniok – schlesische Graupen- oder Blutwurst
zakąski – kleine Appetithappen
zapiekanki – überbackene Baguettehälfte mit Füllung
żurek – polnische Sauerteigsuppe

opłatki – dünne Oblaten mit eingravierten Heiligenbildchen
kolędy – polnische Weihnachtslieder

S. 17: Dunajec: rechter Weichselnebenfluss, Grenzfluss zwischen Polen und der Slowakei in der Hohen Tatra.

S. 22: Krakauer Wawel: ehemalige königliche Residenz auf dem Wawelberg in Krakau. In der Krönungskathedrale wurden vom 11. bis zum 18. Jahrhundert die polnischen Könige gekrönt und nach ihrem Tod in den Katakomben beigesetzt.

S. 56: Tadeusz Różewicz (*1921), Autor von Gedichten, Dramen und Erzählungen, gehört neben Czesław Miłosz und Zbigniew Herbert zu den bedeutendsten polnischen Schriftstellern der Nachkriegszeit.

S. 57f.: „Meine Lyrik / übersetzt nichts / erklärt nichts / sagt nichts aus“: Tadeusz Różewicz: *Moja poezja*
„Rose heißt eine Blume / oder ein totes Mädchen“: Tadeusz Różewicz: *Rose* (*Róża*)

S. 58: Stanisław Różewicz (*1924), bekannter Filmregisseur in Warschau, verfilmte u.a. Werke seines Bruders Tadeusz.

S. 59: Gazeta – polnisch *Zeitung*

S. 96: Andrzej Szczypiorski (1928-2000), polnischer Prosaautor und Essayist, wurde vor allem durch seinen Roman *Die schöne Frau Seidenman* (*Początek*, 1986) auch in Deutschland einem breiten Publikum bekannt.

S. 99: E.T.A. Hoffmann: Brief aus Warschau an Theodor Gottlieb v. Hippel, 14. Mai 1804. Aus: E.T.A. Hoffmann: Briefe (eine Auswahl). Hg. v. Franz Karl Ginzkey. Wien, München, Leipzig 1922, S. 84ff.

S. 103: Am 18. April 1943 bricht im Warschauer Getto ein lange vorausgeplanter Aufstand gegen die Besatzer aus. Der Aufstand endete nach vier Wochen erbittertem Kampf am 16. Mai 1943 mit dem Selbstmord der letzten Überlebenden und der völligen Zerstörung des Gettos.

Jerzy Popiełuszko (1947-1984), polnischer Kaplan und Oppositioneller, wortgewaltiger Kritiker der Parteiherrschaft, wurde 1984 von Sondereinheiten des Sicherheitsdienstes entführt und grausam ermordet. Das Grab Popiełuszkos wurde zum Wallfahrtsort regimekritischer Polen, die ihn zum Märtyrer der Solidarność-Bewegung der 80er-Jahre stilisierten.

S. 106: Am 1. August 1944 beginnt in Warschau ein bewaffneter Aufstand der polnischen Untergrundarmee gegen die nationalsozialistischen Besatzer, der nach 63 Tagen heldenhaften Widerstands niedergeschlagen wird. Nach Schätzungen kamen über 16.000 Kämpfer und 150.000 Zivilisten während des Aufstandes ums Leben. Nach der Kapitulation legten die Deutschen den größten Teil der polnischen Hauptstadt in Schutt und Asche.

Armia Krajowa: Polnische ‚Heimatarmee', in der sich bewaffnete polnische Untergrundkämpfer während des 2. Weltkriegs gegen die nationalsozialistischen Besatzer organisierten und durch Aufstände und Attentate Widerstand leisteten.

S. 122: Hans Memling (1433/1440-1494), niederländischer Maler, dessen Altar- und Andachtsbilder sich durch miniaturhafte Detaildarstellungen auszeichnen.

S. 125: Piłsudski-Brücke – benannt nach Józef Piłsudski (1867-1935), polnischer Staatschef und Schlüsselfigur im Kampf um die Wiedererrichtung des polnischen Staates nach dem Ersten Weltkrieg. Nach einem Staatsstreich 1926 löste er das demokratische Regierungssystem Polens durch ein ganz auf seine Person fixiertes autoritäres Militärregime ab.

S. 129: Tadeusz Kościuszko (1746-1817), polnischer Freiheitsheld, Offizier in den amerikanischen Unabhängigkeitskriegen, kehrte 1784 als amerikanischer General nach Polen zurück. Nach der 2. Polnischen Teilung rief er auf dem Krakauer Martkplatz zur nationalen Erhebung auf, unterlag aber nach anfänglichen Siegen der russischen Übermacht. Wurde als Nationalheld auf dem Krakauer Wawel beigesetzt.

S. 130: Julian Tuwim (1894-1953), Lyriker, Satiriker, Kinderbuchautor und Übersetzer, stammt aus Lodz und war Mitbegründer und bedeutendster Vertreter der Poetengruppe „Skamander".

S.131: Krzysztof Kieślowski (1941-1996) und Andrzej Wajda (*1926) zählen zu den bedeutendsten polnischen Filmregisseuren. Kieślowski wurde u.a. durch seine Film-Trilogie *Drei Farben* (*Trzy Kolory*, 1993/94) bekannt, Andrzej Wajda durch Filme wie *Asche und Diamant* (*Popiół i diament*, 1958) oder *Herr Thaddäus* (*Pan Tadeusz*, 1999). Andrzej Wajda erhielt 2000 einen Ehrenoskar für sein Lebenswerk.

Zbigniew Cybulski (1927-1967) und Daniel Olbrychski (*1945), bekannte polnische Schauspieler der Nachkriegszeit.

Izrael Poznański (1833-1900) und Ludwig Grohman (1826-1889) waren bekannte Lodzer Fabrikanten.

S. 134: Słowacki-Theater: Benannt nach dem polnischen Dichter Juliusz Słowacki (1809-1849), der neben Adam Mickiewicz als bedeutendster Dichter der polnischen Romantik gilt. Verfasser von Gedichten und Dramen, u.a. des Dramas *Kordian* (1833).

S. 143: Das Gedicht *Kleiner Zopf* (*Warkoczyk*, 1948) wurde mit freundlicher Genehmigung des Carl Hanser Verlages abgedruckt und ist – in einer überarbeiteten Übersetzung von Karl Dedecius – folgendem Band entnommen: Tadeusz Różewicz: Formen der Unruhe. Gedichte. Hg. u. übertragen v. Karl Dedecius. München 1965, S. 34.

S. 151: Stanisław Ignacy Witkiewicz (1885-1939) schrieb Romane und Dramen, lebte als Schriftsteller und Architekt in Zakopane und gründete dort 1925 eine Theatergesellschaft, aus der sich sein avantgardistisches „formistisches“ Theater entwickelt hat. Er gilt als Begründer des polnischen absurden Theaters.

Karol Szymanowski (1882-1937), Komponist, u.a. von Opern, Sinfonien und Ballettmusik, nahm in seinem Werk Anregungen des französischen Impressionismus bis hin zur Atonalität auf. Begeistert von der Kultur der Bergbewohner besuchte Szymanowski häufig den Kurort Zakopane und mietete dort die „Villa Atma", in der sich heute ein Museum befindet.

Jan Kasprowicz (1860-1926), Lyriker, Dramatiker und Prosaautor, war in seinem Schaffen anfangs geprägt vom Naturalismus, wendet sich in seinem späteren Werk dem Symbolismus und Expressionismus zu. Einige seiner Naturgedichte zählen zu den Meisterwerken dieser Richtung.

S. 158: Nikischschacht: polnisch *Nikiszowiec*, altes, noch heute bewohntes Bergarbeiterviertel in der Nähe von Kattowitz.

S. 161: Lubowitz: Geburtsort des deutschen Dichters Joseph von Eichendorff. Heute befindet sich hier eine verlassene Ruine, über der ein Band mit der Aufschrift *Keinen Dichter lässt die Heimat los* angebracht ist.

Zur Aussprache im Polnischen:

Betonung: vorletzte Silbe

ą	**nasaliertes o** wie in *frz. bon* oder *Fasson, Bonmot*
ć	bzw. **ci** etwa wie eine enge Lautverbindung von poln. **t** + ś
c	wie das dtsch. **z** in *zu*
cz	wie dtsch. **tsch** in *Tschechien*
ę	**nasaliertes e** wie in frz. *bien* oder *Teint, Bassin*
e	wie dtsch. **offenes e** in *besser*
ł	wie engl. **w** in *well, woman*
ń	bzw. **ni** wie frz. **gn** in *Cognac*
o	wie dtsch. **offenes o** in *Oskar*
ó	wie dtsch. **u** in *muss*
rz	lautlich identisch mit **ż**
ś	bzw. **si** wie etwa das dtsch. **ch** in der Ableitungssilbe *-chen* – z.B. *Lenchen, Frauchen*
s	wie das dtsch. **scharfe s** (**ß** bzw. **ss**) in *Wasser, Fuß*
sz	wie dtsch. s**ch** wie *Schule*
y	etwa wie dtsch. **dumpfes, unbetontes e** im Wortauslaut: *Sache, Vase*
ź	bzw. **zi** weicher und spitzer als poln. **ż**
z	wie das dtsch. **stimmhafte s** in *Rose*
ż	wie dtsch. **j** in *Journalist* oder **g** in *Garage*

INHALT

Ebenfalls im Verlag House of the Poets erschienen

Matthias Kneip: zärtlich kriegen. 2. Auflage 2002 (House of Lyrics 1). 96 Seiten. ISBN 3-9806883-2-1. EUR 9,40.

Das Motto des Bandes ist zugleich Leitlinie von Kneips lyrischem Gesamtkonzept: „Keiner versteht mich, klagte das Gedicht und wurde berühmt...“. Bissig-ironisch bezieht Kneip in seinen Gedichten Stellung zu Erscheinungen der deutschen (Konsum-)Gesellschaft, ohne dabei den Zeigefinger zu erheben. Mit seinem einfachen, an polnischen Lyrikern und Aphoristikern geschulten Stil setzt sich Kneip bewusst ab von hermetischen Tendenzen in der Poesie, geht mit Humor und einfacher Sprache auf den Leser zu, um ihm über diesen gangbaren Weg neue und hintergründige Blickwinkel – unter anderem auf Phänomene der eigenen Muttersprache – zu eröffnen.

Weitere Buchveröffentlichungen von Matthias Kneip:

„Einmal Leben und zurück“ Gedichte. Buch- und Kunstverlag Oberpfalz. Amberg 1995.

„Farbe für Schwarz-Weiß“. Gedichte und Essays zur deutsch-polnischen Annäherung. Zweisprachig. Breslau 1998.

„In meiner Faust den Tag“. Gedichte. lichtung-verlag. Viechtach 1998.

Belletristik und Wissenschaft
im Verlag House of the Poets

Stefan Mitsopoulos: Nocturne mit Dolo. Erzählungen. 1999 (hotpoets 1). 142 Seiten. ISBN 3-9806883-0-5. EUR 7,57.

Christa Kayser: Ein jeder Mensch hat seinen Preis. Roman. 2001 (hotpoets 2). 174 Seiten. ISBN 3-9806883-4-8. EUR 12,68.

Jörg Klein: Mana. Die Geheimnisse der Marquesischen Tätowierung. 2002. 152 Seiten. Mit zahlreichen Fotos und Abbildungen. ISBN 3-9806883-7-2. EUR 19,50.

Torsten Pätzold: Die *kritische* neue Rechtschreibung. Regeln und Beispiele. 2002 (House of Education 1). 82 Seiten. ISBN 3-936706-00-X. EUR 8,90.